verena mermer

die stimme über den dächern

roman

Residenz Verlag

bibliografische information der deutschen nationalbibliothek
die deutsche nationalbibliothek verzeichnet diese publikation in der deutschen nationalbibliografie; detaillierte bibliografische daten sind im internet über http://dnb.dnb.de abrufbar.

www.residenzverlag.at

umschlaggestaltung: vivien schreiber
umschlagfoto: © verena mermer, cgtextures.com
typografische gestaltung, satz: ekke wolf
lektorat: jessica beer
gesamtherstellung: cpi books gmbh leck

isbn 978-3-7017-1645-6

inhalt

»Und um eines flehe ich dich an: Befasse dich nicht mit Politik!
Alles, was du willst, nur keine Politik.«
Ich schwor leichten Herzens. Das Gebiet der Politik lag mir fern.
Nino war meines Wissens kein politisches Problem.
Kurban Said: Ali und Nino

»Hmm … ganz ruhig …«, dachte der Professor, »er ist reingeflogen, als ich vom Fenster wegtrat. Es ist alles in Ordnung!«, befahl er sich. Dabei war eigentlich gar nichts in Ordnung. Insbesondere wegen dieses Vogels.
Michail Bulgakov: Meister und Margarita

Surrealismus ist die magische Überraschung, in dem Schrank, aus dem man ein Hemd holen wollte, einen Löwen zu finden.
Frida Kahlo

Der Geschmack der Freiheit ist in Wahrheit der Geschmack des Verbotenen, aber egal, dadurch bekommt sie die reizende Nuance eines Mystery-Films.
Che Guevara

sackgassen

sackgassen, blinde wege, tote enden. blind und tot? tatsächlich? wie viel leben steckt in diesen toten enden, den ärmlichen hinterhöfen, den wohnungen, deren fenster in diese höfe blicken, hängt auf den wäscheleinen, zwischen leintüchern, strumpfhosen, weißen hemden und bunten kindersocken! die enden sind blind und tot nur für den spaziergänger, dessen ziel das fortkommen ist, für die wandernde, die nicht zu bleiben gedenkt. diejenigen, die hier wohnen, sind am ziel angelangt, wenn kein weg mehr weiterführt als der durch die pforte und das treppenhaus zur tür, aus deren spalt es mittags nach suppe und abends nach bratkartoffeln riecht. die streunenden katzen und hunde begleiten die ansässigen auf der suche nach futter. hinter einer dieser türen lebt nino mit ihren eltern.

die mutter war keine zwanzig, als sie den vater heiratete und mit ihm gemeinsam ein zimmer in der wohnung der schwiegereltern bezog. und an ihrem hochzeitstag fielen auf den grauen asphalt vor der fleischerei rote blutstropfen, auf die steinernen stufen im hausflur rote rosenblüten – nino war damals noch nicht geboren und noch nicht gezeugt worden, aber die geschichte wurde ihr (nino) oftmals erzählt von ihrer mutter. *ich gehe an fleischereien vorbei und durch den hausflur, kaufe rinderbeine und gratuliere dem vater des frisch vermählten paares von nebenan, der im hof eine zigarette raucht; pflücke tropfen und blüten mit meinen augäpfeln, der schwarzen iris, der netzhaut, und denke an das mädchen, das soeben geheiratet hat, deren mann sich wohl freuen wird, jetzt oder in ein paar stunden, wenn rosenblüten den eingangsbereich und blutstropfen das leintuch verzieren. und ich frage mich, wie viele frauen, männer und kinder bereits durch diese pforte geschritten sind, den stein mit ihren tritten langsam geglättet und gerundet haben, wie oft schon rosenblüten gestreut worden sind …*

nino liebt ali (und ali liebt nino), aber heiraten will sie ihn nicht – noch nicht? nino will keine rosenblüten – und blutstropfen auf dem leintuch wird es auch keine mehr geben. »nur: wann, wenn nicht jetzt? ich bin auch nicht mehr blutjung«, denkt sie, »der kritische blick in den spiegel verrät mir, dass ich die zwanzig schon deutlich überschritten habe.« dass sie bei ihren eltern lebt wie ein kind, liegt daran, dass sie nicht geheiratet hat und allein zu wenig verdient, um sich auf die socken zu machen – und immer

(nino) wieder die frage: *warum bin ich bloß lehrerin geworden? wegen der kinder? wegen der idee, etwas weiterzugeben? wegen mir selbst? und keine antwort. manchmal heimkommen mit migräne und dem wunsch, niemanden zu sehen. sich manchmal ärgern über das geringe gehalt, das nicht reicht für eine eigene wohnung, das nur reicht für ein paar kleider, schmuck und schuhe, einen gelegentlichen kaffee am fontänenplatz und heimlich gerauchte zigaretten. habe ich passend zum beruf die abhängigkeit mitergriffen? fürchte ich mich vor der unabhängigkeit, vor dem alleinwohnen?*

es gibt keinen grund dazu, aber: furcht macht handeln und denken haltlos – genauso wie sie nicht daran glaubt, dass zerbrochenes geschirr ein unglück verhindert, weiß nino auch, dass keine monster aus der klomuschel oder aus dem mülleimer kommen, dass zweisamkeit nicht vor naturkatastrophen oder einbrüchen schützt und dass es deren sehr wenige gibt.

das wissen darum, dass die stadt nicht von spukgestalten bevölkert wird, hilft wenig gegen die furcht vor umgehenden gespenstern, wenn etwas den halt verliert und fällt, ein geräusch wie aus dem nichts kommt, die gardinen sich im wind blähen. der ärger über verlorene teller und tassen wird ja auch von einer spur erleichterung oder gar

(nino) freude begleitet. *menschen schützen sich vor computerviren und geschlechtskrankheiten, aber gespenstern sind sie schutzlos ausgeliefert – wie sich in sicherheit bringen vor etwas, das gar nicht da ist? im gegensatz zu milchzähnen und haaren fällt die furcht mit den jahren nicht aus, sie setzt sich nur noch mehr fest, und langsam kommt auch noch die angst vor dem alter hinzu. und der fleckige spiegel im flur schweigt mich an mitsamt meinem anflug von aberglauben.*

streifzüge

(nino) *ich sehne mich manchmal zurück an diesen
tag, an dem mich ali vor der schule abpasste,
mich fragte: »wollen wir beide einen spazier-
gang machen oder zwei?«, den tag, an dem
ich ihm antwortete: »machen wir zwei: du
gehst von hier aus nach links und ich nach
rechts«, erinnere mich, wie wir lachten und
uns nach zwei kleinen quadratischen rund-
gängen um vier oder fünf häuserblocks am
ausgangspunkt trafen. es lacht in mir nach,
wenn ich durch die von mauern umkreiste
altstadt gehe, deren sackgassen und stille
winkel uns unterschlupf boten. einzige
zeuginnen unserer zweisamkeit waren die
straßenkatzen.*

(nino, ali) *wir meiden gemeinplätze, sie sind uns zu
voll und somit zu eng, zu verhübscht und
zu wenig schön, zu abgetreten, obwohl jede
fußspur verwischt wird. lieber überqueren wir
bahngleise, klettern im traum an dachrinnen
hoch und an baumstämmen; und wir bum-
meln zum 28. may, das ist ein platz, nicht
nur ein tag … auf dem weg dorthin der leere
grund aus schlamm und geröll. die einstigen*

häuser zu unserer rechten: aus dem stadtviertel gehoben wie baklava mit einem tortenheber aus der form. die verschonten häuser zu unserer linken: sie wirken verloren ohne ihr gegenüber. das einsam an der hellrosa wand stehende klavier macht ali besonders traurig, ist er doch wegen eines klaviers in seine wohnung gezogen. zwar ist er seinem mitbewohner und seiner mitbewohnerin wirklich zugetan, aber: zum einzug verleitet hat ihn der flügel – und ihm wird nach weinen zumute, wenn er das piano an der bröckelnden außenwand sieht, zwischen löwenzahn, tüten mit müll und solchen mit brotresten, zwischen zu boden geworfenen zigarettenstummeln und einwegspritzen. ali schlägt einen ton an und einen zweiten: die tasten klemmen und das instrument ist verstimmt.

frida kennt richard seit ein paar wochen. »er ist geheimnisvoll«, denkt sie – »sie ist hinreißend«, denkt er. die beiden sind sich noch etwas fremd, aber sie mögen sich, sind achtsam im umgang miteinander – keine geste des gegenübers entgeht ihnen. an sonntagen gehen sie miteinander spazieren. das verirrspiel auf den straßen beim versuch, drei unbekannte personen gleichzeitig im auge zu behalten. frida verliert eine frau – sie entzieht sich dem blick, ist nicht mehr da, wie verschwunden aus dem öffentlichen raum, aus dem laufen und tänzeln und bummeln in der nizami küçəsi. richard hat kein problem, fünfen zu folgen, ohne dass seinem gesichtssinn eine frau,

(frida) ein mann, ein kind abhanden kommt. *ich hingegen bin überfordert damit, lasse frauen, männer, kinder aus den augen und finde sie nicht wieder. und ich bin verdoppelt; auf der straße, in der spärlich beleuchteten wohnung: mein schatten und ich. in letzter zeit sollen in der innenstadt öfters menschen ohne schatten gesehen worden sein – aber das sind märchen oder gerüchte.*

frida fühlt sich oft nicht allein, obwohl sie es ist – oder ganz allein, obwohl sie es nicht ist. sie war von anfang an viel allein. die laue spätsommernacht, in die sie hineingeboren worden war, neigte sich dem ende zu, und auch die vorkriegszeit sollte nicht mehr allzu lange währen. frida kam kurz vor mitternacht zur welt, um drei uhr morgens schreckte der anruf vater, mutter und kind aus dem gerade erst gefundenen schlaf. fridas großmutter war gestorben in jener nacht. das leben im haus wurde seitdem bestimmt von der hingabe an gemischte gefühle – frida hätte sich mehr aufmerksamkeit gewünscht, aber zum wünschen war sie noch zu klein. die trauer schlug ihr zelt auf; die ladas und selbst die maschrutkas mussten ihr ausweichen. wen sie einmal erfasst haben, den lassen alleinsein und trauer nicht mehr aus: fridas vater ist so unglücklich und schnelllebig, dass ihn mit sechzig ein herzinfarkt ereilen wird. noch lebt er allerdings mit seiner frau und seiner jüngeren tochter in der kleinen plattenbauwohnung am rande der stadt, in einer straße, die 20. janvar heißt und nahe der autobahn verläuft, die nach tbilisi führt. als kind hatte frida immer davon geträumt, die autobahn entlangzurennen, bis nach georgien. dort müsse es so schön sein wie im inneren illustrierter märchenbücher. wenn frida traurig ist, geht sie allein spazieren – da verflüchtigt sich die einsamkeit wie die schäfchenwolken über dem bulvar und die gerüche, die an ihr nur vorbeiziehen. wenn sie glücklich ist, spaziert sie in begleitung durch die stadt.

richard spricht kaum über sich. er ist gut zehn jahre älter als frida und in baku geboren, hat aber längere zeit im ausland gelebt. er sagt auf dem steg, der ins offene meer hinausführt, zu frida, dass er manchmal diese seltsamen launen habe, vermutlich eine spätfolge seines motorradunfalls. (frida kann ihn gut verstehen, sagt aber nichts dergleichen. ihre geschichte ist ihm sowieso bekannt.) richard geht oft wandern, ohne begleitung. das macht ihn bereits zur kuriosität. auch wenn ihm hirten zur umkehr raten, schlägt er ihre warnungen in den

(richard) wind. *wölfe fürchten sich mehr vor menschen als umgekehrt; jeder kleine fluss lässt sich überqueren, wenn steine da sind, um von einem zum anderen zu springen oder dämme zu bauen; so ein dorf in sicht ist, gibt es auch in der dunkelheit einen anhaltspunkt.*

auch frida liebt die berge; im sommer, wenn die stadt zu heiß wird, macht sie sich mit nino und ihrer gefolgschaft auf in luftige höhen. abends geht sie oft mit che spazieren, den sie liebt, seit sie ihn eines nachts in einer bar aufgelesen und mit nach hause

(frida) genommen hat. *dieser nachhauseweg und all die gehstrecken: che und ich und die bewegung auf ein ziel zu – oder um ihrer selbst willen. die längste wanderung – war sie in den dolomiten gewesen oder in den karpaten, in den alpen oder im kaukasus? und der kürzeste spaziergang meines lebens, an dem tag, als wir zwei meter nach der haustür kehrtmachten. (wir würden draußen schließlich genauso unglücklich sein wie drinnen …)*

camouflage

alis großer bruder fuad ist unmittelbar nach seinem studienabschluss eingerückt und hat die armee erst vor ein paar monaten verlassen. noch lassen ihm die bilder keine ruhe. die kaserne in şəki: eine der größten im ganzen land. der abschied von mutter und vater, die beide so ernst dreingeblickt hatten; die busreise; die ankunft: das ablegen der zivilkleidung – der hose, des hemds, der unterwäsche, der socken und schuhe. əhməd, sein zimmergenosse, tat ihm vom ersten augenblick an leid: er war so schmächtig, dass fuad sich wunderte, wie er den militärdienst überstehen könne. (er überstand ihn.) der erste tag als soldat: die uniform ausfassen, die tarnfarben anlegen, zuletzt in die schwarzen stiefel schlüpfen und sie schnell noch bürsten und binden. beim ersten appell löste sich eine masche, der schnürsenkel an seinem linken schuh öffnete sich. die strafe folgte auf dem fuß. seit diesem abend, an dem er alle latrinen des stockwerks gereinigt hatte, schnürte er seine schuhe so fest, dass es schmerzte.

tagelange märsche durch schlamm und distelgestrüpp, antreten, salutieren, liegestütz – das abendliche putzen der waffen und stiefel war ihm ein vergnügen dagegen. mittags wasser und brot, buchweizenbrei oder bulgur. abends ähnliches. die meisten versuchten zu vergessen, wie dolma und kebab, kompott und blechkuchen, baklava und khachapuri aussehen, wie sie riechen und schmecken. im lauf der monate wurden sie alle dünner und dünner. die besuche bei eltern, tanten und onkeln, brüdern und schwestern, großvätern und großmüttern waren zu selten; und auch wenn sie von diesen herzlich empfangen und regelrecht gemästet wurden, brachte ihnen das nur kurzfristig ein paar gramm: die aufgenommene energie verdampfte beim nächsten abendappell oder wurde beim ersten gewaltmarsch herausgeschwitzt. eine gelegentliche aufheiterung boten spielkarten und zigaretten, die von hand zu hand, bierflaschen und witze, die von mund zu mund gereicht wurden.

fuad sitzt mit frida, ali und nino in seiner wohnung auf dem teppich und alis lucky strike haben in ihm einen erzählfluss ausgelöst. die wohnung ist warm und wohlig, es riecht nach tee und zitrone, nach den resten des abendessens, die auf dem herd geblieben sind, nach fridas hautcreme und alis zigaretten. hier und dort: zwei welten, die so unterschiedlich sind, dass es ihm scheint, es würde sich kaum etwas von der einen in der anderen wiederfinden. hier: von dort nur die tarnfarben als zarte, grüne lilienblätter und kastanienbraune trennlinien zwischen den ornamenten des teppichs. dort: einzig die seltenen momente des innehaltens, des zärtlichseins unter soldaten, die gedanken an wochenenden bei familie und freunden – sie waren lichtblicke, die an eine welt jenseits der armee denken ließen. an orte, wo er sich nicht tarnen musste.

dort konnten selten zwei einander ort sein, noch seltener: sich umarmen oder schnellen sex haben hinter den olivgrünen oder

(fuad) khakifarbenen türen. *bəhruz und ich trafen uns (anders als die anderen) weder zufällig noch beliebig – verlässlich wie ein postkasten wartete er, ob ich mit ihm reden wolle. seine fähigkeit zuzuhören – und die methoden, die er hatte, etwas zu essen oder ein paar zigaretten für sich, für mich oder für əhməd aufzutreiben! die bücher, die wir einander borgten, auch die, mit denen man besser nicht erwischt wurde. »das kapital« in meinem bücherregal, hier zwischen lehrwerken und blumentöpfen, war bəhruz' abschiedsgeschenk. ob mein altes exemplar von »krieg und frieden« wohl in seinem regal steht? ob er überhaupt ein regal besitzt? selten kam es im zimmer zu einem kuss oder einer berührung – vielleicht, wenn die anderen später vom dienst oder vom essen zurückkehrten. immer hastig und niemals sorglos – nicht auszudenken, was passiert wäre, wenn doch jemand früher … doch davon will ich lieber schweigen.*

metropole

tausende autos auf den hauptstraßen, stadt-
ein- und stadtauswärts. tauben, die nach
brotkrümeln, und junge menschen,
die nach importierter mode ausschau
halten. die muffige luft und der schäbig
gewordene glanz der metro. männer, die
stehen bleiben. die meisten der frauen
sitzen und nehmen den wenigen frauen,
die keinen sitzplatz gefunden haben, die
schweren handtaschen und einkaufsbeutel
ab. sie alle atmen das flair der verbrauchten
zeit; wenn sie sich nicht gerade unterirdisch
befördern lassen, schreiben sie prüfungen
und gedichte, kassazettel und verluste.
manche können nur laut dem papier sch-
reiben, das sich zeugnis nennt: es besagt,
dass sie in der schule gewesen sind, obwohl
sie stattdessen am elterlichen hof gearbeitet
haben. die anklänge an klassische musik
und daraufhin die stimme, die den namen
der jeweiligen station ansagt: für ali, der
da steht, eingepackt in seine dunkelgraue
winterjacke und eingeklemmt zwischen
zwei männern, die beide einen kopf kleiner
sind als er und untersetzter, ist 20. janvar

eine ansage wie jede andere. frida lässt die stimme – auch heute, mehr als zwanzig jahre später – zusammenzucken. ein unort, ein unaussprechlicher ort, an dem sie dennoch gewohnt hat. hat sie das? es ist folgendes zu bedenken: wie einer katze wurden frida sieben leben zuteil. eines hat sie mit ihrem auszug dort zurückgelassen. ein anderes blieb an einer kreuzung in mexico city liegen, zwischen einem autobus und einer straßenbahn. eines hat sie vertrunken, eines verraucht.

frida meidet den norden bakus: die pogrome gegen armenierinnen und armenier spielen sich immer noch in ihrem kopf ab, wieder und wieder in endlosschleife. jedes mal aufs neue, sobald sie das ehemals armenische viertel betritt. die gegend um die metrostation 20. janvar weckt ebenso persistent die erinnerung an den 20. januar 1990 – sie sieht noch immer die bilder von sowjetischen panzern, von toten auf den straßen … doch mehr noch als die bilder der schandtaten kehren jene der klage wieder: die nachbarin, die ihren mann, die freundin der mutter, die ihre tochter beklagte. tote, die auf küchentischen aufgebahrt wurden. der tod und die flucht. bilder

der leere gesellten sich zu den klagebildern: auf dem markt der leere standplatz, dessen inhaber verschwunden war. bellas leerer platz in der schulbank. die leeren felder im klassenbuch – was er mit abgängigen schulkindern machen solle, die nicht wiederkommen würden, wusste der lehrer schließlich auch nicht. die leere schusterwerkstatt, der leere spielplatz (die mütter, die nicht geflohen waren mit ihren kindern, blieben lieber zu hause), die leere fläche, wo einmal

(frida) eine kirche gestanden war. *»andernorts sind es die moscheen, die nun fehlen«, hat mein vater einmal gesagt. nachdem ein großteil der armenischen bevölkerung die stadt verlassen hatte, war es nur eine frage der zeit, bis auch russinnen und russen, jüdinnen und juden ihre koffer packten und ihre wege sich zerstreuten – nach moskau, nach tbilisi, nach leningrad … baku war weniger bunt geworden innerhalb der vier jahre, die meine volksschulzeit ausmachten. dazu passend wurde schwarz zur modefarbe erklärt, als trüge die stadt trauer. die grellbunten farben der 80er hätten verlogen gewirkt, nicht mehr gepasst.* frida mochte schwarz. in schwarz saßen die männer beim tee in der çayxana, in schwarz hängten die frauen schwarze und graue wäsche an den leinen im hof zum trocknen auf, in schwarz gingen die händchen haltenden paare ins kino oder trafen sich am bulvar.

richard fährt nur eine station von içərişəhər bis sahil – von der altstadt bis zum ufer. er hätte ebenso gut zu fuß gehen können, war aber zu träge dafür, als er nahe der station stand, die (vor allem von älteren menschen) noch gern baksoviet genannt wird. das stadtzentrum: der gegensatz zum 20. janvar und all den anderen rändern bakus. es zieht ihn nicht richtung meer, sondern in die neu renovierten einkaufsstraßen rund um das literaturmuseum. er hat in der gegend etwas zu erledigen. hier, wo kleidung in schaufenstern und an körpern den westen verspricht und selbst die fußgängerzonen sich schön gemacht haben wie männer und frauen vor einem fest. kirschrot lackierte laternen wachsen in gleichen abständen und gleichen geschwungenen formen aus dem asphalt. das fischschuppenmuster des fontänenplatzes – gefliest, nicht gepflastert, wie ein badezimmer. zwei kinder, die versuchen, nur auf die weißen fliesen zu treten. wenige meter von richard entfernt der mann, der nino nachsetzt und sie zwanzigmal um ihre telefonnummer bittet – das lächerliche an seiner verzweiflung entgeht ihm dabei. nicht weit von hier ist frida in einen laden gegangen, um ein hemd zu kaufen. che wartet in einer nahen teestube auf sie und raucht eine zigarette. wenn sie zurück ist, wird er eine kanne tee mit zitrone und dazu schokolade bestellen.

das zentrum verdrängt das hässliche und das unebene besser als die peripherie. die künstlich geschaffene mitte drängt in die randgebiete hinein, dehnt sich aus, ohne rücksicht auf verluste, aber dafür schön glatt. unweit davon die gegend, in der fuad, ali, che und frida wohnen. häuser und träume werden dort schneller abgetragen als kleidung. keine sandfarbenen bauten, keine fliesen, keine boutiquen. graue oder andersfarbig gestrichene häuser; aufgerissenes graues pflaster, aus dem hie und da gräser sprießen; eckläden und zitronenverkäuferinnen. die an manchen torbögen oder mauern angebrachten ornamente folgen keinem plan: fin de siècle, sowjetunion und wendezeit haben ihre spuren hinterlassen. köpfe von löwen und schönen frauen, schnörkel, dazwischen einmal hammer und sichel. wände als mitteilungsflächen: sinnsprüche, kritzeleien, telefonnummern neben namen junger mädchen. hausnummern erzählen die geschichte des viertels und des landes. in der neuen stadtmitte die immer gleiche kursive: straßennamen und zahlen laufen in ident geschnittenen lettern über den sandstein. hier hingegen: lateinische, kyrillische, dann wieder lateinische buchstaben; zahlen, die mithilfe einer schablone an wände gesprüht oder mit lack und serifen auf türen gepinselt wurden, mit kreidestrichen angedeutet, oder als blecherne blaue schilder mit weißen ziffern an straßenecken angebracht. auf manchen davon ist »dalan« zu lesen – sackgasse.

nachtleben

aus einem haus ohne hausnummer – solche gibt es hier, wenn auch selten – tritt ali in die abendliche gasse. die liebe zur nacht und jene zu nino sind es, die ihn so spät hinaustreiben. da ist ein frösteln in seinem körper und ein klingeln seines telefons. nino und frida erwarten ihn in dem lokal, in das sie immer gehen, wenn ihnen nichts besseres einfällt. heute ist ihnen nichts besseres eingefallen. ali streicht durch die gassen und über den fontänenplatz. er zündet sich eine zigarette an und schenkt eine dem bettler, der ihm gefolgt ist. seine gedanken laufen ihm voraus, seine füße tragen ihn ans ziel.

das lokal ist voll. die drei männer an der bar, die fast synchron die zapfhähne betätigen; ein paar tanzende; eine gruppe von geschäftsleuten, die um einen tisch sitzen und ihren alltag noch nicht abgelegt haben. ein betrunkener deutscher. ein noch betrunkenerer engländer. die vielleicht sechzehnjährige prostituierte, die im kurzen weißen engelskleid in einer ecke neben einem mehr als doppelt so alten mann sitzt und an ihrer zigarette zieht. ihre augen sind mit kajal umrandet. sie ist so zierlich, dass er angst haben müsste, sie zu zerbrechen. ali findet frida und nino nicht, dafür steht richard, sichtlich betrunken, mit zwei männern an der bar. die beiden blicken zu boden, während sie miteinander sprechen, und bewegen die hände, als würden sie zeichen übertragen. später einmal wird nino sagen, richard spiele ein doppeltes spiel, es sei nicht möglich herauszufinden, auf welcher seite er stehe – er sei mit faschisten bier und mit stalinisten tee trinken gegangen. frida wird ihn in schutz nehmen und antworten: »natürlich, und ich war bei pontius pilatus auf dem balkon …« che wird, die linke augenbraue hochziehend, ergänzen: »… und ich habe von bulgakovs tellerchen gefressen!« noch ist richard nino, die sich mit frida durch die menschenmassen bahnt, um auf die toilette zu gehen, ziemlich gleichgültig.

»aserbaidschaner und ausländer, ausländerinnen, strichmädchen und wir«, sagt frida zu nino. jedes mal ist sie aufs neue erstaunt, wie wenige hiesige frauen sich in nachtlokale wagen. aber hierzulande gelten frauen immer noch als schatten ihrer männer – und es ist doch unerhört, wenn sich ein schatten von seinem besitzer trennt und sich allein auf den weg nach draußen macht … (dass ein mann seinen schatten nicht mitnimmt oder gegen den eines anderen austauscht, wird allgemein akzeptiert.) nino holt ein papiertuch aus der halterung und trocknet sich die hände ab. frida zieht ihren lippenstift nach und fährt sich mit schnellen bewegungen durch die haare. »stimmt«, sagt nino, »war aber auch schon schlimmer.« frida öffnet die holztür, die beiden drängen sich durch die menge und halten ausschau nach ali. es riecht nach rauch und parfum, nach schweiß und alkohol. menschen vor und hinter der glasfassade. alle zehn minuten taucht wie ein gespenst der rosenverkäufer auf, sein trauriger schnurrbart bewegt sich kaum, auch spricht er zu niemandem, zeigt nur seine ware, um gleich darauf zu verschwinden und wiederzukehren, unverrichteter dinge abermals abzuziehen. seine ständige wiederkehr fällt kaum auf in der generellen bewegung: menschen kommen, menschen gehen. sie trinken bier, tauschen grüße und neuigkeiten aus, eilen weiter, zurück in die nächtlichen straßen, in andere lokale.

die gruppe ist teil des nächtlichen treibens und als solcher auch nicht beständig: fuad kommt, erblickt einen guten freund in der anderen ecke des raumes, verschwindet kurz und kommt wieder. nino und frida wollen nach hause, sie verabschieden sich mit küsschen und winken; ali und fuad bleiben allein zurück. sie trinken bier, wollen neuigkeiten austauschen und müssen beide feststellen, dass sie keine haben, schweigen und blicken um sich. es zieht sie weiter in andere gaststätten und spelunken, an orte, wo es etwas zu erleben gibt, zurück auf die straße. aus einer haustür dringt musik. fuad drückt die klinke und folgt den tönen bis zu einer wohnung, in der offensichtlich gefeiert wird. schuhe türmen sich im vorraum. zur linken befindet sich ein saal, von dessen decke ein staubiger luster hängt. dort hat sich eine britische ölgesandtschaft versammelt. ein staunen: anscheinend besteht hutpflicht, alle tragen sie noble kleidung, die damen wie die herren, aber sie rauchen landtabak und selbstgerollte zigaretten, dazu trinken sie cider aus bunten plastikkübeln. ali und fuad verharren im türrahmen. beide vollziehen simultan eine hundertachtziggraddrehung und nehmen durch einen weiteren türrahmen den ausschnitt einer anderen zusammenkunft wahr: eine amerikanische firma hat sich in einem zweiten, in etwa gleich großen saal niedergelassen und veranstaltet eine pyjama-party. cocktails werden von kellnern in tiger- und kellnerinnen in häschenkostümen serviert, immergrüne und enzianblaue luftballons und ebenso gefärbte lieder, stimmen trällern so zuckersüß, dass die beiden erschaudern. es ist kein bleiben hier, ebenso fluchtartig wie unbemerkt verlassen sie die seltsame wohnung.

wie verhext scheint ihnen die nacht: draußen angelangt, finden sie alle kaffee- und teehäuser geschlossen. auch die nachtlokale und trinkstätten haben ihre rollläden zugezogen, obwohl es noch recht früh ist. oder ist alis uhr stehen geblieben? nur eine kleine, verlassen wirkende bude hat geöffnet: mangels alternative treten die beiden ein. zwischen theke und spültisch ein schon fast schlafender kellner. in einer ecke ein piano, an dem ein älterer herr einfache melodien klimpert. an der wand ein roter vorhang. hinter diesem kommt ein kräftig gebauter mann mit schnauzbart und zylinder hervor. ihm blinzeln die augen, als blende ihn die sonne. ali und fuad mustern ihn. er könnte russe sein oder georgier, bestimmt ist er nicht älter als dreißig. fuad bestellt bier. dann füllt sich das lokal, durch die türe und durch die fenster kommen menschen herein, sie setzen sich an die tische, die im nu gedeckt sind mit bier oder wein, tee oder limonade. der alte spielt eine melodie an und der junge beginnt zu singen. er singt, als wäre er dazu geboren. alles lauscht, ein lied endet, ein weiteres wird angestimmt. nach einigen liedern und einigen runden (die vorher bier und wein getrunken hatten, haben auf vodka umgestellt) kommt dem sänger die stimme abhanden, nur der pianist klopft weiter in die tasten. das publikum hat hiervon allerdings nichts bemerkt, es lauscht weiter gebannt der musik und applaudiert nach jedem stück. die stimme indessen macht sich selbstständig, sie geht zur tür hinaus, klettert an einer regenrinne hoch, macht einen satz auf einen balkon, in eine wohnung, dort verhält sie sich leise (sie will schließlich niemanden wecken), zwängt sich durch den kamin ins freie, springt nun über die dächer und ist dabei ganz vergnügt. am nächsten morgen erzählen kinder ihren müttern, ihnen habe von einer schönen musik geträumt – so schön, wie sie selten zu hören sei.

(ali) *irgendwie (wie und wann genau, weiß ich nicht mehr) muss ich heimgefunden haben, und jetzt, da ich neben nino erwache, meldet sich das verlangen, ihr alles zu erzählen: es spricht aus mir, berichtet von der feier, zu der wir nicht geladen waren, von dem gefolterten klavier und schließlich auch von der stimme, die ihren sänger verlassen hat – nino meint nur: »ali, du hast zu viel getrunken.«*

ausflüchte

(nino) *die flucht ergreifen. wie so viele. den markierten fluchtwegen folgen. eine green card ergattern wie einen hauptgewinn mit einem der lotteriescheine, die sich an den ecken belebter straßen kaufen lassen, von männern und frauen, die ärmer sind als wir selbst.* eine berechtigungsprüfung für amerikanische, eine sprachprüfung für deutsche universitäten ablegen. in die USA, in die türkei, nach deutschland – viele flüchtende haben ähnliche ziele vor augen, stehen bei denselben botschaften schlange, träumen von demselben ausland. wer glück hat, steigt in ein flugzeug und wird zum hoffnungsträger einer ganzen familie. wer im glück auch etwas pech hat, vergisst allerdings, sich selbst auf die reise mit- und sein leben ganz allein in die hand zu nehmen. jene halbglücklichen werden in new yorker kaffeehäusern, berliner kneipen, istanbuler teestuben sitzen und sich sehnen – sich sehnen nach sich selbst in baku.

andere nehmen sich selbst mit: mit haut und haaren, wünschen und kleidern. manche von denjenigen, die zur gänze die flucht ergriffen haben, kehren nach einigen jahren im ausland wieder in die heimat zurück, um festzustellen, dass sie ihnen keine heimat mehr ist. richard ist nirgends mehr zu hause, zu viel ist er schon herumgereist, an zu vielen orten hat er sich schon niedergelassen. wird er nach seiner zugehörigkeit gefragt, gibt er die sowjetunion an. (das idealbild in seinem kopf.) che nennt kein land heimat, höchstens den amerikanischen kontinent. grenzen sind dazu da, um überschritten zu werden. frida soll in detroit und new york gewesen sein, in san francisco und paris. aber sie hat sich dort genauso wurzellos gefühlt wie hier in baku. sie sehnt sich nach einem platz auf der südhalbkugel. auch nino wünscht sich oft fort, am liebsten nach georgien, in das land ihrer mutter – tbilisi: die zwischen grüne berge gebettete, saubere und charmante stadt. ali will als einziger baku nicht verlassen, auch nicht für einen kurzen aufenthalt in der fremde oder für viel geld.

die langen fluchtstrecken werden für den moment nur angedacht. bewegung und veränderung bringen jedoch auch die kurzen, die vielleicht nur ein paar straßenzüge

weiter führen. neuanfang: nicht nur die reise ins ausland, sondern schon der umzug in eine andere wohnung, eine andere umgebung, zu anderen menschen. ninos neues leben beginnt in ihrem zimmer, wo sie ihre sachen in ein bündel packt. (das bündel ist ein altes cremefarbenes leintuch und hat mit romantik nicht viel zu tun, einen koffer besitzt sie eben nicht.) draußen dämmert es bereits, bald wird der muezzin rufen. nino blickt nervös nach links und rechts, nach oben und unten, ihre augen suchen das kämmerchen nach gegenständen ab, die sie vergessen haben könnte. nicht, dass die gegenstände ihr abhanden kämen, wenn nino sie zurückließe; sie könnte diese leicht einmal abholen, aber: es geht ihr um das gefühl des fortgehens, denn sie geht fort, nicht nur für eine nacht, sondern für immer – hoffentlich! und: diesmal geht sie weder klammheimlich fort, noch hat sie erzählt, dass sie bei samira nächtigen würde, sie hat gesagt, dass sie wegzieht von hier. an jenes gespräch will sie sich aber nicht erinnern, nicht jetzt. vor dem tor warten ali, fuad und fuads alter lada, dessen kofferraum genügend platz bietet für ninos hab und gut.
im hauseingang gegenüber steht richard, der mit bleistift zahlen in einen spiralblock

notiert. ali träumt, also nimmt er ihn nicht wahr, und nino ist beschäftigt damit, ihr bündel über die stufen nach unten zu tragen.

die eltern werden noch kommen, um sich zu verabschieden, bevor sie mit den anderen in den wagen steigt. ihr graut ein bisschen bei dem gedanken, andererseits lockt sie die
(nino) freiheit, die nun greifbar geworden ist. *kurz ein zögern: die mutter – wird sie sich sehr grämen? der vater: alle werden ihn fragen, warum er seine tochter gehen lässt. ali – hat er das angebot auch ernst gemeint? werden wir uns wirklich so gut vertragen, wie wir es uns vorgenommen haben? wird er mich auch respektieren? bin ich ihm nicht zu alt – oder zu klug? er hat einmal angemerkt, es sei nicht immer gut, eine kluge frau zu haben … ali wirkt nicht zögerlich, er freut sich, bestimmt denkt er: »meine nino kommt zu mir, wir werden zusammen leben und glücklich sein und nie probleme haben.«*

liebes leben

emin, der verkäufer im angeräumten laden um die ecke, hört beethoven und bob dylan, hat kastanienfarbenes haar und haselnussbraune augen und eine samtstimme, die aber kaum spricht, außer freundliche grüße, angebote auf nachfragen (oder entschuldigungen, wenn etwas wieder einmal vergriffen ist) und verabschiedungen. in seinen acht quadratmetern verkaufsfläche fühlt er sich manchmal selbst wie ein ladenhüter. die kundschaft geht, er bleibt. zwei drittel der zeit, um die er altert, verbringt er im geschäft. wiederholt hatte er schon die möglichkeit, dem eckladen zu entkommen, einer helferin zu folgen, wie im russischen zaubermärchen die braut dem prinzen – frauen mit mehr oder weniger charakter, geld und schönen körpern waren angetan von ihm und hätten ihn gern in ihre guten verhältnisse hineingeheiratet. er aber ist seit genau drei tagen befangen von nino, seit dem tag, an dem sie in das haus nebenan gezogen ist, als er sie gesehen hat, wie sie mit einem bündel und zwei männern – ihren brüdern? – vor der eingangstür gestanden ist, das bündel kurz auf den stiegen hat stehen lassen, wie sie zu ihm gekommen ist und auf russisch brot – chleb – verlangt hat. dass nino unsterblich in ali verliebt ist, weiß emin allerdings nicht.

manchmal ist die liebe leicht wie federn: für emin ist noch alles rosarot und himmelblau und warm und weich, wenn er daran denkt, dass seine sonne nun wieder und wieder in den kleinen laden scheinen wird. auch für nino kam die freude früh im jahr, brachte eine art frühling in ihr gemüt und in die dachstube, die sie nun mit ali teilt.

(nino) *ich bin glücklich mit dir, lieber ali, komme zu dir mit händen und lippen wie reibeisen von der kälte, du wirst mich küssen und ich werde tee aufsetzen, wenn wir gemeinsam nach hause zurückkehren nach einem langen spaziergang, und wir werden uns gegenseitig wärmen unter deiner bettdecke und uns geschichten erzählen. und wir streifen mit che und frida durch die altstadt und trinken wein aus der flasche. auf knopfdruck beginnt die musik zu spielen und che tanzt mit frida tango.* frida muss che – und das tut sie stets im flüsterton – zuvor mitteilen, dass es sich um einen solchen handelt. er kann die melodie eines tangos nämlich nicht von der eines foxtrotts unterscheiden. aber er hat die schritte auswendig gelernt – damals, zu einer anderen zeit, in einer anderen welt …

(frida) *und manchmal ist die liebe stürmisch, als ob sie mich überfahren wollte. weißer lada von links nach rechts, schwarzer mercedes von rechts nach links und die graue katze auf dem fenstersims und wir laufen durch içərişəhər und che hat eine geradezu kindische freude daran, mich mitten auf den leitlinien mehrspuriger straßen zu küssen, was die taxifahrer zum hupen und fluchen bringt.* morgens steht che in der küche und wäscht das frühstücksgeschirr. frida streckt sich, wuschelt ihre haare, nur um sie danach wieder in ordnung zu bringen, zieht sein hemd aus und eines der ihren an; auf dem weg ins badezimmer, der über die küche führt, küsst sie ihn auf die schulter. müsste sie nicht zur probe, würde sie ihn nochmals ins schlafzimmer locken. und wenn sie so dasitzt mit einem rollentext in der hand, gedankenverloren das bleistiftende abkaut, ornamente und figuren an die seitenränder kritzelt, dann kommt er von hinten an sie herangeschlichen und flüstert ihr ins ohr: »du bist mein vergissmeinnicht.« und oft findet er, wenn er abends heimkommt, eine notiz von ihr auf dem schreibtisch oder auf der kredenz, manchmal auch mit klebestreifen am kühlschrank oder am badezimmerspiegel befestigt. seinen lieblingszettel trägt er immer bei sich, seit er ihn gefunden hat: »lab' meine hungernde herzhälfte an dir.«

und manchmal ist die liebe melancholisch und ruhig wie frida. che liebt sie unter anderem für ihre schwermut. nicht für die, sondern für ihre schwermut: wenn sie traurig ist, dann zieht sie sich zurück, sucht die ruhe auf, klettert allein auf den baum vor ihrem fenster, vor allem, wenn es regnet. oder sie sitzt im hintersten winkel ihres zimmers, scheu wie ein tier und bemüht, ihre laune nicht auf andere zu übertragen. wenn sie aus ihrem tief emporkommt oder (was seltener passiert) von einer reise zurückkehrt, ist er erleichtert und froh, sie wieder bei sich zu haben. jedes mal sagt er ihr, sie sei zu lange weg gewesen. und wenn er seine zuversicht einmal beiseitelegt, ist sie so beständig wie auch unaufdringlich für ihn da, dass er sie nur noch mehr lieben muss.

»che ist selbstständig«, denkt frida – da fällt ihr der ehemann wieder ein, den sie gestern nacht im traum bekocht und bemuttert hat.

er weiß nicht, was er über sie denken soll, außer vielleicht: »schade, dass sie nicht doch medizin studiert hat, wie sie es vor dem unfall geplant hatte. sie wäre eine gute ärztin geworden …« in emotionalen angelegenheiten denkt er meist gar nicht, sondern horcht auf sein gefühl. und von den tausend toden, die er bereits gestorben ist, war der schönste
(che) in den armen einer frau. *»dunkelbraun, fast schwarz«, sage ich und fahre dir durchs haar. die haare der frau von früher waren ebenfalls beinahe schwarz und sie hatte sieben leben, so wie die getigerte katze, die gerade den dachfirst entlangstreicht und mich keines blickes würdigt, während ich da am fenster stehe und überlege, ob auch frida sieben leben hat. die katze ist bereits hinter dem giebel verschwunden und macht es sich wahrscheinlich auf einem mauervorsprung bequem.*

achter märz

die tigerkatze schläft ganz bestimmt noch, genauso wie ali, dem sie kurz in seine träume tappt. die graubraunen vorhänge des schlafzimmers sind zugezogen. die katze gehört fast so sehr zum haus wie die vorhänge und gardinen an den fenstern. das haus ist sehr schmal und hat daher auch nur ein kleines dachgeschoß. gleich hinter der wohnungstür verbirgt sich die gemeinsame küche. dort stehen herd, kühlschrank und ein regal für töpfe und nahrungsvorräte. durch die dachluke scheint licht in die raummitte. daneben ein winziges badezimmer mit dusche und vielen plastikkanistern voll notwasser. und zwei schlafgemächer mit je einem balkon und zwei fenstern: eines teilen sich frida und che, eines ali und nino. frida und nino gehen in der früh oft zusammen aus dem haus. nino geht lieber zur arbeit, wenn frida sie begleitet. immerhin können sie dann wählen, ob sie sich unterhalten wollen oder schweigend nebeneinanderher gehen.

nino raucht eine zigarette, frida ist mit che durch mobilfunk verbunden. links und rechts ist die straße gesäumt von prachtbauten aus der zeit des ölbooms, dazwischen frida und nino und drei männer, die ihnen entgegenkommen. alle drei tragen sie jeans und dunkle hemden, sie gehen langsam. vielleicht haben sie heute ihren freien tag. oder sie sind beruflich unterwegs und lassen sich bewusst zeit. einer sagt: »die huren beginnen auch immer früher zu arbeiten.« frida wirft ihm einen verächtlichen blick zu und will sagen: »du esel, auch die theater proben früh und die schulen öffnen morgens!« aber sie schweigt und die beiden beeilen sich, damit nino nicht nach dem läuten in die klasse kommt.

(nino) *ich gehe den flur entlang, vorbei an den klassentüren, den präsidentenbildern, der uhr, die vor jahren stehen geblieben ist, da fällt mir ein: heute ist frauentag. keine vorfreude auf den ganzen trubel und die geschenke, auch nicht auf die blumen mit ihrem betörenden geruch, und auf die dankbarkeit schon gar nicht. meine mutter ist anders als ich: immer schon mochte sie den 8. märz, denn mein vater war nicht so geizig wie andere – da gab es rosen und schokolade aus europa statt narzissen und russischen bonbons. er versuchte auch, abzuwaschen und das frühstück zu richten – der achtemärztee war dünner als jeder andere, die achtemärzbutter kam in einem block auf den tisch statt in schön geschnittenen scheiben. als kleine entschädigung erlaubten mir die eltern, das transistorradio einzuschalten. manchmal sang dann rəşid behbudov für mich – der wusste ganz bestimmt, dass mich seine schallwellen an jedem 8. märz vor 8 uhr morgens erreichen können – und ich war wieder glücklich.*

eine kluge frau würde schweigen, wenn ihr mann sie betrügt, sagte ninos mutter immer. die frau, deren mann sich den appetit im bordell holte – gegessen wurde dann zu hause, gemeinsam mit ihr, die sie auf ihn gewartet hatte mit dem nachtmahl. dass er, nachdem all seine bedürfnisse gestillt und gesättigt waren, sofort – ungewaschen und ohne sich auch nur das jackett auszuziehen – ins bett fiel, war ihr nicht unrecht; so konnte sie ihr tagwerk vollenden, nähen oder stricken, vielleicht sogar etwas lesen. manchmal masturbierte sie auch unter der dusche, bevor sie zu ihrem mann unter die daunen kroch. all diese dinge weiß nino natürlich weder von ihr noch von ihm, aber wissen fließt aus verschiedenen quellen zusammen: es dringt durch hellhörige wände, es wird von geschwätzigen freundinnen und neugierigen verwandten weitergetragen oder von menschen, die es selbst von solchen aufgeschnappt haben. etwas reißt nino aus ihren gedanken: ihr vorgesetzter, der ihr einen narzissenstrauß vor die nase hält, und die dankbarkeit, die sie ihm darbietet als gegengeschenk.

(frida) *ich laufe die breiten treppen hinauf richtung probebühne, über den roten teppich, der meine schritte abfedert, ihren klang erstickt, mir aber auch das gefühl gibt, zu hause angekommen zu sein. im wandelgang wimmelt es von menschen, als wäre die generalprobe auf heute morgen verlegt worden, als hätten sie sich alle den vormittag freigenommen, nur um uns zu sehen, und als wären wir schon so weit, vor publikum zu spielen. die herren halten gebündelte narzissen in der hand, manche der grünen stängel schon merklich geknickt und auch einige der gelben kelche schon am welk werden. eine frau in feuerroter robe hält einen schwarzen kater mit grünen augen im arm. der kater hat eine halb volle sektflöte in der pfote. ein älterer mann, der seit jahren in jeder vorstellung sitzt, zieht seine schuhe aus und erklärt das schauspielhaus zu seiner moschee. er blickt etwas verwirrt, als ob seine augen nicht wüssten, wo sich festhalten, bis sie sich halt suchend in mir verkrallen. und einer der elektriker des hauses kommt zu mir mit den bonbons aus den frauentagen meiner schulzeit und einem winzigen strauß gänseblümchen. als wäre das ein geheimes zeichen gewesen, nähert sich eine schar von herren, überhäuft mich mit blumen, zieht mich aus mit ihren augen, macht mir charmante und anzügliche komplimente. letztere sind mir lieber, weil ich kontern kann: wer austeilt, muss auch einstecken können. da erhebt sich ein gesang, der mich an den ersten akt erinnert. ich laufe, komme gerade noch rechtzeitig zu meinem auftritt, springe auf die bühne und spiele – der zuschauerraum bleibt leer bis auf diejenigen, die seit der ersten probe dabei sind.*

frida verlässt das theater gerade im rechten moment, bevor es sich wieder füllt für die erste vorstellung. eine lange probe war das! war sie das? die flügeltür schwingt auf und frida tritt hinaus auf die straße, in die sonne und in den staub, den die nahe baustelle herüberwirbelt. sie bleibt vor einem schaufenster stehen, in dem skurrile hüte ausgestellt sind. an einem kiosk kauft sie eine kleine flasche wasser. sie gibt der zitronenfrau am straßenrand einen manat, nimmt vier zitronen und fragt sich, welchen namen die zitronenfrau trägt und ob sie einen mann hat und kinder und ob sie glücklich ist.

salam aleikum

nino hat ein gutes herz und zwei geschickte hände, sagt ali, und als frida hungrig heimkommt, stehen schon eine warme kartoffelpfanne, ein tellerchen rohes gemüse, eine schüssel fleisch, ein laib brot und eine flasche kompott auf dem tisch. es ist ein wortkarges abendessen heute – in gedanken bleibt niemand von den vieren bei tisch. sie essen wenig und es gelingt ihnen nicht, die nervosität, die irgendwo im raum sein muss, zu orten. nachrichten und gerüchte verkünden, dass protestiert werden soll – mitten auf der straße, gegen die regierung, die sich das sicher nicht gefallen lassen wird. ali steht als erster auf, deckt den tisch ab und räumt die alten zeitungen beiseite. che wäscht ab. frida schlägt die zeitung von heute auf, legt sie sogleich wieder weg und sucht nach anderen türen zur außenwelt, sie vermutet informationen, die nicht gedruckt werden, in den neuen medien. tausende mausklicks: die ausbeute ist mager. vielleicht ist es zu früh, um etwas sagen zu können?

die alte küchenuhr, deren ticken nino des nachts schon oft geweckt hat, zeigt kurz vor elf. nino macht sich auf den weg richtung bett, weil sie auch morgen wieder früh hinaus muss. frida ist noch verabredet. nino geht ins bad und putzt sich die zähne. zahnpasta verteilen und dann kreisende bewegungen machen, vorsichtig, um das zahnfleisch nicht zu verletzen, zweimal im uhrzeigersinn von links nach rechts und von oben nach unten, einmal innen, einmal außen, sodass kein zahn dabei vergessen wird. frida geht in ihr zimmer und schminkt sich. puder verteilen, von innen nach außen, von außen nach innen, auf nase, stirn und kinn etwas mehr, dann sieht die haut nicht fettig aus. dunklen lidschatten auftragen, die oberen wimpernkränze entlang schwarze striche ziehen, links und rechts jeweils einen, von der tränenkarunkel bis zum äußeren augenwinkel. die wimpern tuschen, die lippen mit dem wundermittel aus der kleinen tube zum glänzen bringen. beide brauchen sie drei minuten. nino geht in ihr zimmer, frida streift ihre jacke über, verabschiedet sich und geht von schlüsselgeklimper begleitet davon. ali und che wollen weder schlafen gehen noch ihr stammlokal aufsuchen, wie sie es in den letzten monaten bestimmt schon zehnmal getan haben.

ali fragt che: was tun wir mit dem angebrochenen abend? che schweigt kurz und sagt dann, die hauptsache sei, die eigenen vier wände zu verlassen – auch, um nino nicht zu wecken. »wir könnten einen spaziergang machen, wir könnten reden: über uns, über die politik hierzulande, über andere vielleicht, aber nur, falls es etwas wissenswertes gibt. wir könnten uns später in eine gaststube setzen, so wir eine finden ohne klaviermusik oder mit einem pianisten unseres vertrauens.« ali sagt, er sei gleich bereit, er öffnet leise die zimmertür, gibt nino, die vor ihm steht in einem dunkelblauen pyjama, mit ihren schönen hellen haaren und ihrem zarten gesicht, einen gutenachtkuss, bittet sie, nicht auf ihn zu warten, und schließt die türe. die beiden männer ziehen sich jacken und schuhe an, che setzt auch seine schwarze baskenmütze auf. »nino schläft, und frida geht aus«, meint che zu ali und ali weiß nicht, was er erwidern soll. sie streifen durch die altstadt, die stadtmauern entlang zum meer, dann auf einem anderen weg zurück, blicken in innenhöfe, deren tore nicht versperrt sind, und balancieren auf stegen, die häuser über baugruben hinweg miteinander verbinden. nach einer weile sind sie des schlenderns müde und suchen nach einem ort, um zu verweilen.

der platz, auf dem kein haus mehr steht, diese leerstelle, an der tagsüber der autobus vorbeifährt, lädt sie ein, sich niederzusetzen. wer hat wohl die zwei stühle hierher gebracht? che und ali nehmen auf ihnen platz. sie finden auch einen leeren blechkanister und etwas holz, um ein feuerchen zu machen, so grillen sie äpfel, wärmen sich die hände und rauchen. sie reden über den artikel von che, der vor ewigkeiten auf papier aus zuckerrohrabfall gedruckt worden war, in dem er sein modell einer sozialistischen wirtschaft skizziert. später kommen sie auf berg karabach zu sprechen, und che fragt ali: »wie grüßt du denn eigentlich einen armenier?« ali zögert und sagt: »so er mich grüßt und mich nicht daran hindern will, fünfmal täglich meinen gebetsteppich auszurollen – und er sich auch nicht an meine frau heranmacht –, grüße ich ihn mit salam.« che sagt peace und macht ein nachdenkliches gesicht. (dass das beten eine reine zeitverschwendung sei, liegt ihm auf der zunge, aber er behält den kommentar für sich.) und der alte jude, der sich ihnen mit unmerkbar leisen schritten genähert hat, lächelt, kratzt seinen bart und sagt shalom, bevor er sich – genauso leise, wie er gekommen ist – wieder entfernt. eigentlich ist er jung gestorben, also gar nicht da, aber weder ali noch che nehmen davon notiz.

fünf vor zwölf

am nächsten morgen sitzen die vier beim frühstück. obwohl brot und käse, butter und honig auf dem tisch stehen, hat niemand hunger. so trinken sie nur tee und rauchen die zigaretten, die ali und che vom letzten abend übrig geblieben sind. »es wird etwas geschehen«, sagt ali, der genauso früh aufgestanden ist wie die anderen, auch wenn che und er spät heimgekommen sind und sowohl der essay für das seminar als auch die übersetzung für den broterwerb auch am nachmittag geschrieben werden könnten. ali, der von seinen eltern der ewige student genannt wird, der dennoch nichts lernt. »das wirst du alles im grab nachlernen müssen«, hält ihm der chor von großmutter, großvater, mutter und vater immer dann entgegen, wenn wieder einmal eine prüfung nicht gut ausgegangen ist. dass gute ergebnisse käuflich sind wie schnaps, fisch, ein hemd, ein buch, ein teil vom glück, haben sie noch nicht verstanden. das horizontal geschichtete bücher- und mappengebirge in alis regal droht einzustürzen, nur seine trägheit bewahrt ihn vor einer umschlichtung.

seitdem sie diesen miniaturkaukasus einmal gesehen hat, ist alis familie überzeugt, der sohn aus gutem hause habe nicht vor, es zu etwas zu bringen.

ali hat sich vom tisch erhoben, bleibt aber in der küche stehen. »ja, es wurde etwas angekündigt«, sagt nino. frida versichert sich selbst und den anderen: »ich gehe hin.« sie ergreift jede gelegenheit zur freien meinungsäußerung – gegen ende ihres lebens wird sie noch im rollstuhl auf einer demonstration gegen den militärputsch in guatemala erscheinen – gegen ende ihres lebens? sie ist doch noch nicht einmal bei der mitte angelangt. sie sitzt in der küche und bespricht mit nino, ali und che die lage. in der art, wie che sie anblickt, steckt ein nein. seine kleine, zarte frida. und er könnte sie nicht schützen … ali murmelt etwas von konsequenzen, frida erwidert, dass feigheit noch niemandem geholfen hat. che sagt: »ich gehe auch.« nino weiß, dass sie nicht mitkommen wird. es geht um ihre arbeit, die möchte sie behalten – genauso wie ali seinen studienplatz. aber auch die beiden, die zu hause bleiben werden, wissen, dass sie an jenem tag kaum eine ruhige minute haben werden. die sorge hilft allerdings nichts: zumindest nicht dagegen, dass sie hinaus müssen in den heutigen tag, in den vortag. frida packt hastig dinge in ihren rucksack, die sie brauchen könnte: ihren taschenkalender, ihr mobiltelefon und eine packung sonnenblumenkerne. im vorderen fach steckt bereits ihre ausrüstung für alle fälle: eine fast leere schachtel zigaretten, ein notizbuch, ein kondom, eine damenbinde und zwanzig qəpik für den bus. nino nimmt ihre handtasche mit, darin ein lippenstift, ihr telefon, zehn manat und ein bisschen schotter, ein ausweis und ein tampon. das fertig vorbereitete unterrichtsmaterial wird in dem fach, das ihren namen trägt, auf sie warten.

che hat heute seinen freien tag. er liest artikel und kurzmeldungen, die von aserbaidschanischen redaktionen ins weltweite netz gestellt wurden, von denen aber der rest der welt kaum notiz zu nehmen scheint. ali schließt sich ihm an, nachdem er den eckladen aufgesucht hat, um zucker und zigaretten zu kaufen. die beiden trinken die dritte tasse tee und rauchen wie die schlote einer fabrikshalle. sie finden wenig heraus. einige wurden heimgesucht, manche von ihnen mitgenommen. jemand soll auf der straße randaliert haben. niemand, den sie kennen. türen gehen auf und zu, getrippel am gang, die sonne wirft ihre strahlen durchs fenster. nino und frida verabschieden sich und sagen: »passt auf euch auf.« die verbindung ist langsam. jemand hat ali eine nachricht zukommen lassen: »morgen um die mittagszeit kaffee trinken? in der gegend des fontänenplatzes. die genaue uhrzeit bekommst du noch.« er kann sich denken, von wem die nachricht stammt und was mit kaffeetrinken gemeint ist. che überlegt sich, ob er richard treffen soll, der weiß meist mehr als sie alle. ali denkt daran, des morgens bei fuad vorbeizuschauen, der könnte auch etwas wissen.

(nino) *frida und ich machen uns auf den weg, zuvor blicke ich noch in meinen taschenkalender. 10. märz: keine einträge. und ich werde mir auch am 11. märz die zähne putzen wie an jedem anderen morgen, werde den roten lippenstift auftragen, ein tuch umlegen, zur arbeit gehen – an den polizisten vorbei, die menschen davon abhalten sollen, öffentlich unruhe zu stiften … zuvor werde ich dorthin gehen, wo auch die kaiserin und die tote zarentochter zu fuß … wie? ob groß? ob klein? oder gar blutig? kümmert euch doch um die großen geschäfte, die andere verrichten! blutspuren hinterlässt selbst die huldigung toter krieger keine mehr, dafür sind sie schon zu lange hin und die roten schlieren längst ausgetrocknet … die sonne hat sich wieder hinter eine wolke verzogen. mit unseren schuhsohlen wirbeln wir staub auf, bis wir auf die große straße gelangen, die heute schon gereinigt wurde. unsere wege kreuzen jene von vier streifenwagen und von hunderten menschen, die alarmbereit sind. von hunderten, die ahnungslos wirken. von drei zeitungsverkäufern. ich kaufe eine tageszeitung, obwohl sich alles stündlich ändern wird. frida wird ihre kolleginnen um neuigkeiten bitten, vielleicht wissen die genaueres. sie geht neben mir her und meint (nicht zum ersten mal), wir müssen uns organisieren. eine kommunistische partei gründen. ich wende ein, dass die ausgangsbedingungen schwierig seien … und wir beeilen uns, wie fast täglich. heute gibt es allerdings keinen grund zur eile. es ist sieben uhr dreißig. bald wird es fünf vor zwölf sein, auf der uhr im korridor, wie gestern, wie vorige woche, wie voriges jahr.*

maulfaul und mundtot

(nino) *ich wache frühmorgens auf, als am 11. märz der wecker läutet, schlurfe ins bad, wo ich versuche, die nacht loszuwerden – die nacht, die mich mit rohen träumen gequält und mir augenringe ins gesicht gemalt hat –, setze mich auf die toilette und entledige mich dessen, was sich in dieser nacht an harn angesammelt hat. ich streife das nachthemd ab, dusche zwei minuten lang, steige aus der wanne, trockne mich ab, wickle das handtuch um meinen frierenden körper. mit schnellen bewegungen – als ob der tag dadurch schneller verginge! – putze ich meine mahlzähne, meine schneide- und reißzähne. die augenringe lassen sich nicht zur gänze abdecken, aber der lippenstift macht meinen mund groß und rund. wie sehr will ich ihn auftun und sprechen und rufen! ich laufe ins zimmer und kleide mich an: die graue hose zur roten bluse, werfe ein schwarzes tuch über meine schultern und gehe ohne gefrühstückt zu haben zur arbeit, heute alleine, denn frida probt nicht. zu meiner linken die streifenwagen, zu meiner rechten die immergleichen autos, die weißen mit den schwarzen dächern, von denen wir alle wissen sollen, wem sie gehören und dass wir keine schwierigkeiten mit ihnen haben wollen, dass wir keine unruhe stiften werden …*

für nino beginnt die erste stunde nach der großen pause. an ihrem arbeitsplatz nehmen sich die kolleginnen und kollegen so viele blätter vor den mund, dass nino sich fragt, ob sie nicht ersticken müssen daran, dass sie das maul nicht aufkriegen. frida und che sind indessen am fontänenplatz, dort treffen sie auf fuad, der wiederum seinen freund eschgin mitgebracht hat. eschgin ist journalist und fuad versucht sich zum ersten mal im leben als fotograf. schaulustige kommen vorbei und halten genügend sicherheitsabstand, um als unbeteiligt durchzugehen. von weitem hupen autos, ein raunen und flüstern macht sich breit unter denen, die zur versammlung gehören oder den anschein erwecken wollen, als gehörten sie dazu. knapp neben dem grüppchen eine formation bewaffneter, die gesichter hinter dem vollvisier nur schemenhaft wahrnehmbar. da ruft ein junger mann AZADLIQ, das wort für freiheit. andere stimmen ein, die zierliche studentin mit den langen ohrgehängen und der rosa bluse, der bub mit der unordentlichen frisur und dem bunten hemd, der ältere, leicht korpulente herr mit dem schnauzbart, der etwas abseits steht – ein tumult: rufe verhallen und polizeibeamte halten menschen den mund zu, die augen. die junge frau wird zum einsatzwagen geschleift. auch fuad zerren sie weg, andere retten sich (oder glauben sich zu retten – vielleicht hat ihnen nur der zufall ein bisschen glück in die hände gespielt), indem sie dicht an eschgin bleiben, der einen presseausweis besitzt. che schützt seine argentinische staatsbürgerschaft – oder ist es die kubanische? – und seine fremdländische ausstrahlung. frida bleibt immer zwischen den beiden männern. als einige derer, die ihre wut nach außen gekehrt haben, in polizeiwagen sitzen (oder schon weggebracht worden sind), andere sich in alle windrichtungen verstreut haben (um aufzugeben oder anderswo AZADLIQ zu rufen), verschwindet auch die polizei. die wut bleibt allein auf der straße zurück und beschließt zu gehen, um am nächsten tag wiederzukehren. eschgin bekommt zwei stunden später eine kurzmeldung von fuad: er sei auf freiem fuß und nicht verletzt. er frage sich nur, was denn mit ali los sei, der doch eigentlich zum teetrinken vorbeikommen wollte …

(nino) *ich bin heimgekommen von der arbeit und habe gekocht für ali, für frida und für mich. vor allem für frida, die immer müder und immer dünner wird. habe kaffee getrunken und geduscht und stehe mit einem handtuch bekleidet im flur. der metallene klang des telefons schreckt mich auf aus meinen gedanken. die stimme am anderen ende sagt, dass ali gerade verhaftet wurde. er hätte drogen in der tasche gehabt. und ich weiß, dass er keine drogen nimmt, weiß das, wie ich weiß, dass ich atme, dass ich mich hier in der landeshauptstadt bewege, dass diese ca. zwei millionen menschen beherbergt und dass ali nicht der erste ist. kleide mich an, packe geld, mobiltelefon, schlüssel und mütze, laufe aus dem haus und die* AZADLIQ PROSPEKTİ *(die freiheitsstraße) entlang und die tränen laufen über meine wangen, verfluche mich fürs duschen und fürs kaffeetrinken, will die freiheit ausrufen, will zum aufstand aufrufen. ich weiß nicht einmal, wohin – wie immer, wenn ich rat brauche, versuche ich frida zu erreichen. frida sagt, ich möge nach hause kommen und dann könnten wir uns gemeinsam auf die suche machen. zu ali durchkom-*

men werden wir kaum, aber vielleicht hat er ein fenster zur straße …

ich betrete die wohnung, laufe in die küche, ohne auch nur die schuhe auszuziehen. da kommt eine stimme durchs offene küchenfenster – wie aus dem nichts, weil: da unten im hof ist niemand, nur auf den quer über die fläche gespannten wäscheleinen das aufgehängte leintuch, fast ein gespenst. leise wie das verklingende echo eines folgetonhorns – aus der weite ruft sie uns einen namen zu. wir wissen nun, wo ali ist, aber als wir dort ankommen, wird uns gesagt, dass wir wieder gehen sollen. wir bleiben kurz stehen, wir rufen, es hallt ein »ali!« durch die straßen. wir schreiben liebe worte auf ein stück papier, das che aus seiner hosentasche zaubert. wir küssen das weiße fetzchen, frida und ich blicken den beamten, der immer noch neben uns steht, flehentlich mit großen augen und aufgeschminkten kussmündern an, mit der bitte, den brief weiterzugeben. als wir die wachstube verlassen haben, ruft fuad an: einer hat einen kurzbericht ins netz gestellt und darin alis verhaftung erwähnt. kennen wir den autor? frida meint, richard könnte dahinterstecken. und ein anderer – einer, den wir nicht kennen und auch nicht kennenlernen wollen – hat gerade eben in einem zeitungs-artikel geschrieben: »es war ein tag wie jeder andere und selbst die sonne kam hinter den wolken hervor.«

wiederholung

am nächsten morgen, noch vor sonnen-
aufgang, steht richard vor der tür und fragt
nach ali. woher er es denn erfahren habe,
will nino wissen, die (im gegensatz zu frida)
kein vertrauen gefasst hat zu ihm. er sei
einer von ihnen, entgegnet er, und er habe
es von einem bekannten erfahren. keine
neuigkeiten, sagt nino. richard sieht frida
im nachthemd in der küche stehen. die
beiden gehen ins wohnzimmer, sie wollen
etwas besprechen. che und nino bleiben
in der küche zurück. ob das die revolution
gewesen sei, die überall angekündigt wurde?
»ja, und sie ist nicht vorbei«, meint che.
nino wird heute mitgehen: migräne ist eine
salonfähige ausrede am arbeitsplatz. wobei,
wenn sie gefilmt – oder verhaftet … aber:
jetzt erst recht, wo ali im gefängnis sitzt und
sich die wut ihrer bemächtigt hat – sie muss
ja nicht gleich rufen. zuerst wird sie kaffee
trinken und doch etwas essen – ein bisschen
energie wird sie schließlich brauchen …
dann wird sie das netz durchsuchen, viel-
leicht sind schon einige neuigkeiten nach
außen gedrungen. nachher ihre mutter

anrufen, sagen, dass sie sich keine sorgen zu machen braucht, dass die beiden ja nicht dabei …

der vormittag verfliegt im nu – schon ist es zeit, sich vorzubereiten. frida versucht ihre

(frida) gedanken umzustellen wie eine uhr: *habe hoffnung im kopf, rufe AZADLIQ, drücke den bauch ans balkongeländer und lehne mich weit nach vorn, rauche eine zigarette, suche mich auf der landkarte und auf dem stadtplan zwischen straßenzügen und planquadraten und denke, dass ich in einem jahr am selben fleck – ich gleich, vielleicht ein bisschen älter, aber meine umgebung besser und die menschen den mund offen – und zwar viele, wie in tunesien, in ägypten, in mexiko … bilder und videos, tausendfach durch glasfaserkabel geschickt: demonstrationen auf den straßen von tunis; steine gegen tränengas und gummigeschoße; ein flugzeug und die flucht der herrscherfamilie … schüsse auf den straßen von kairo; der rücktritt des präsidenten, anfänglich jubel auf dem tahrir-platz, später die räumung der zeltstädte durch die armee; der streik von ölarbeitern und näherinnen … dazwischen die dunkle erinnerung an zapatistische bauern und meine mutter, die ihnen das fenster öffnet und tortillas reicht; an den*

klang von revolutionsliedern und kugeln …
sie kramt in ihren jackentaschen, entfernt alte zigarettenpapierchen, die verpackung eines schokoladeriegels und ihr notizbuch. sie steckt ein taschentuch ein, etwas geld und ihr telefon. dann geht sie noch schnell auf die toilette, während nino bereits ihren mantel anzieht, telefon, ausweis, münzen und kaugummis einsteckt. keine handtasche mitzunehmen sei von vorteil, hat frida ihr gerade eben gesagt. che treffen sie vor ort, das ist besser so.

abermals menschen, die zusammenfinden, enger aneinanderrücken … einige, die gleich rufen werden; andere, die abseits stehen und zusehen; wieder andere, die von oben aus ihren wohnzimmerfenstern auf den fontänenplatz blicken – in die menge, die sich verteilt, erneut zu einer kompakten fläche wird, auseinanderstiebt. aus verschiedenen ecken tönt AZADLIQ, hier leiser, dort lauter. es dauert kurz. keine minute, bis eingegriffen wird, um es zum schweigen zu bringen: menschen, die zu boden geworfen werden. andere, die versuchen ihnen aufzuhelfen. der halb umzingelte fontänenplatz, die eigens angekarrten busse, die vollgestopft werden mit protestierenden – dazwischen irgendwo frida, die nino und che verloren hat, aber dafür fuad findet und sich dicht an ihn hält. nino, die versucht, einen alten mann zu versorgen, der zu boden gestoßen worden ist und blutet. als freunde des mannes kommen, macht sie sich auf die suche nach fuad, che und frida. irgendwo taucht richard auf, verschwindet aber gleich wieder. stundenlanges auf-und-ab-laufen. die hundestaffel in hörbarer nähe; kein vertrauen darauf, dass bellende hunde nicht beißen. zwischen den schlagstöcken der versuch, sich ein bild zu machen: ein bild vom geschehen, von denen, die es in die hand genommen haben; von der wut, von der revolution, die keine werden soll. von denen, die hier sind, um dafür zu sorgen, dass es keine wird. ein polizist tritt frida gegen das schienbein, nino trifft ein stockhieb auf den hinterkopf. bunte farbflecken vor augen, dazwischen laufende menschen. ihnen hinterherlaufende polizisten. darunter das schwarz-weiße pflaster des platzes. darüber wolken. drehen sie sich oder schwindelt ihr nur? ein letzter ruf, die szene ist zu ende – genauso allmählich, wie sie begonnen hat, heute wie gestern: nach und nach zersplittern die grüppchen, die noch übrig sind, in einzelne personen, die getrennte wege gehen. scheinbar kriecht alltag zurück auf den fontänenplatz.

»nichts neues von ali«, denkt nino, als sie die wohnungstür hinter sich schließt. allein, denn che und frida sind noch zu eschgin tee trinken gegangen. sie versucht, den abend mit alibitätigkeiten zu töten. sie gießt die blumen, putzt den herd, spült das geschirr. beobachtet jedes ding, das sie anfasst, auf dass dabei zeit vergehe. ein teller hat einen sprung, der rote topf eine abgeschlagene stelle, ein paar tassen weisen kaffeespuren auf. wenn sie nicht putzt, so raucht sie.
es wird spät. die zigarettenschachtel ist irgendwann leer, nino bleibt in der küche sitzen und wird bestimmt nicht einschlafen können.

kopflos

irgendwann ist sie dann doch zu bett gegangen gestern nacht, hat sich alleine unter die tuchent gekuschelt und fast geweint. es war spät. sie erwacht trotzdem am frühen morgen, heute mit wirklicher migräne. als sie in die küche kommt, sitzt frida schon bei tisch. sie zittert. wenn nino die augen zumacht, prasseln die knüppel wieder auf die versammlung, und frida birgt das gesicht in den händen. eine flasche vodka steht dort, wo normalerweise der frühstückskaffee hingestellt wird. frida trinkt einen schluck aus der flasche. nino nimmt auch einen – gegen die schmerzen, die ihr im rücken sitzen und im hinterkopf, und gegen die bilder, die sie nicht zur ruhe kommen lassen. frida tritt an sie heran und nimmt ihren kopf in die arme, küsst ihre zerstrubbelten haare und beginnt
(frida) zu singen. sie fühlt sich hilflos. *da höre ich die feuchtigkeit des mauerwerks und die risse in der decke und ein gefühl, das mir sagt, dass sie uns auf den kopf fallen wird, wenn wir nicht bald das haus verlassen. ich nehme ninos hand und sage: »komm!«*

die beiden eilen in ihre zimmer und kleiden sich an: die oberste hose und ein beliebiges oberteil aus dem kasten fischen, sie sich mit schnellen bewegungen überstreifen. kein blick in den spiegel. es zieht sie hinaus ins freie. frühmorgens auf der straße finden sie ein bisschen alltag: der bäcker, der die läden mit frischem brot beliefert; die müllabfuhr auf ihrem weg durch die həzi aslanov küçəsi – ein wagen mit offener ladefläche, zwei männer, die in ausrangierten feiertagshemden und -hosen auf dem trittbrett stehen, alle paar meter abspringen, mit müll gefüllte plastiksäcke einsammeln und wieder aufsteigen. auf dem weg vorbei an der çayxana der jugendliche alte, der an einem der tische sitzt – ein volles teeglas noch unberührt vor ihm –, sich die sonne ins gesicht scheinen lässt und genüsslich an seiner zigarette zieht.

frida und nino beschließen, in die altstadt zu gehen. es sind dort noch kaum menschen anzutreffen. einer putzt die straßen. ein anderer raucht, während er telefoniert. unweit von ihm ist eine ganz in ihr telefonat versunken. eine schiebt einen kinderwagen vor sich her. einer steht mit einem anderen unter den arkaden und blickt verstohlen um sich. die beiden beginnen leise über die politik zu schimpfen. eine zieht ihren lippenstift nach und blickt auf die uhr. einer hat es eilig: er läuft, als liefe er um sein leben. und einem fällt der kopf ab. er trägt ihn von da an unterm arm. er fällt kaum jemandem auf, bis er nunmehr kopflos versucht, eine frau zu küssen, die ihm entgegengestöckelt kommt. da schimpfen und keifen die alten und kichern die jungen. und er geht weiter oben ohne spazieren, bis er an einer reparaturwerkstatt vorbeikommt. dort wird der leicht aufgeplatzte kopf mit nadel, faden, klebstoff, einem fahrradschlauchflicken und etwas geduld ausgebessert wie der alte fußball, mit dem die kinder in der həzi aslanov küçəsi spielen, so kein auto daherkommt. der mann setzt seinen kopf wieder auf und nino geht in die apotheke, um eine schachtel aspirin zu kaufen.

dann gehen nino und frida ins kaffeehaus, um zu frühstücken. denn es gibt keine zeit mehr, um nach hause zurückzukehren, sie müssen schließlich beide in die arbeit. der kellner kommt ihnen von irgendwoher bekannt vor. er bringt tee, brot und käse, ein schüsselchen honig und ein tellerchen butter. die beiden trinken langsam aus den birnenförmigen gläsern. nino spielt mit dem löffel, lässt ihn an die ränder des glases anstoßen, was ein leises klingen erzeugt. ein blick auf die uhr, zahlen, aufbrechen: vom kaffeehaus in die schule. sie muss nur vier stunden halten, die seltsamerweise verfliegen wie die federwolken am himmel. sie steht heute neben sich. vielleicht ist ein teil von ihr in die wolken gegangen, wo ihr die dünnen weißen federn das gesicht streicheln. oder zu ali?

(frida)

frida probt von früh bis spät. sie ist unglücklich. *nichts mag mir gelingen heute, auch die anderen sind aufgebracht – stimmen setzen zum falschen zeitpunkt oder in der falschen tonlage ein; schritte geraten zu groß, zu klein, zu ungelenk; kostüme verheddern sich und masken fallen zu boden; im fliehen aus mir gewinnt der auswendig gelernte text ein eigenleben.* um neun uhr abends beschließt die besetzung, aus ihren rollen auf die straße hinauszutreten und in der kleinen spelunke in der nizami küçəsi eine weinflasche zu köpfen. frida ist schweigsam, sie trinkt wenig und raucht zu viel, hört den gesprächen der anderen nur mit einem ohr zu. sie geht spätnachts allein nach hause, sie unterlässt es, sich eine weitere zigarette anzustecken, und geht schnell. einem, der zwischen der nizami küçəsi und ihrer wohnung ihren weg kreuzt, rutschen herz und hirn in die hose. nach 3 straßen und 3 straßenseitenwechseln geht dieser eine immer noch hinter ihr her mit 3 metern abstand und verdächtig leisen schritten. in anbetracht dessen, was in den letzten tagen und wochen wirklichkeit geworden ist, hofft sie sogar, dass es das pumpende herz in seiner hose ist, das ihn steuert – dann würde sie ihn abhängen können, ihn loswerden, wahrscheinlich auf ewig. sie geht in den gemüseladen um die ecke, der tag und nacht geöffnet hat, und trödelt gehörig dabei, je 3 ihrer herzfrüchte auszusuchen – äpfel, tomaten und rote rüben.

vielleicht aber hat sie sich das alles nur eingebildet: den kopflosen, die probe, den wein. es wurde schließlich im fernsehen verkündet: junge menschen, die aktiv sind in sozialen netzwerken und auf der straße, haben psychische probleme. vielleicht ist auch das auto nur eingebildet, das vor ihrer haustüre geparkt ist und auf dem in unsichtbaren lettern »KGB« steht.

himmel und hölle

(nino, frida)

spione und schraubenköpfe leuchten durch türen wie sterne durch den himmel – und das klopfen an der tür, das uns aus dem schlaf reißt. sei es das klopfen des gasmanns, seien es neugierige nachbarn, die da klopfen, oder der KGB, wir machen die türe nicht auf, stellen uns unsichtbar, geistern durch unsere eigenen zimmer, bewegen uns leise, bis wir an unserem eigenen leisesein zu leiden beginnen und darüber hinaus. frida hält es nicht mehr aus und schleicht auf zehenspitzen zur türe. (leise wie auch laute schritte zu machen hat sie am theater gelernt.) das rund des spions zeigt zwei männer in zivil; zwei männer, die geräusche vernehmen und klopfen und klopfen und immer lauter klopfen.

nino und frida werden heute nicht arbeiten können. che ist bereits aus dem haus: die frühschicht hat um fünf begonnen. che sieht nicht aus wie ein arzt. wenn er sich durch das krankenhaus bewegt, wird er meist für einen pfleger gehalten. auch gestern wieder: die schwächliche alte, die ihn um die bettpfanne bat; der junge mann mit dem gebrochenen bein im liegegips, der gewaschen werden wollte; die patientin, die sonderwünsche fürs mittagessen anmeldete. manchmal gehen elnur, sabahət oder die pflegerin, deren namen er vergessen hat, hinter ihm her und sammeln die fallen gelassenen bitten und wünsche auf. doch heute wirkt das krankenhaus wie ausgestorben. selbst in der notaufnahme kaum wartende. eine davon die junge frau mit der geprellten hand. er schreckt kurz hoch, als sie ins behandlungszimmer kommt – er hat sie vorgestern in der menge gesehen. sie ihn vermutlich auch. sie scheint schmerzen zu haben und eine höllenangst. wenigstens kann er sie ein bisschen beruhigen durch seine sanfte art und die tatsache, dass er im ausland medizin studiert hat.

frida sitzt indessen auf dem küchenboden, das licht fällt durch die fensterscheibe in ihre haare und auf das sternparkett, auf ihre füße, die so zart und trotzdem gelenkig sind – ihr blick ist nach unten gerichtet. während sie sich im kopf ausreden für die probe zurechtlegt, die ohne sie über die bühne gehen muss, faltet sie himmel und hölle aus zigarettenpapier. das klopfen verstummt und nino tappt in die hölle. da ruft ninos mutter an, ob denn alles in ordnung sei bei ihr und bei ali. »ja, mama, alles in bester ordnung … nein, mama, komm besser ein andermal vorbei, ich bin etwas müde.«

am nachmittag abermals das klopfen. es hört nach einer halben stunde auf und droht wiederzukommen. es bleibt allerdings aus, als nino und frida am küchentisch kaffee trinken, bleibt aus, als che nach hause zurückkehrt, bleibt aus, als die nacht hereinbricht. nino steht am fenster und raucht.

(nino) *das dunkelblau der nacht lässt mich an die klangfarbe deiner stimme denken, bin ganz sehnsüchtig nach dir. ali, mein lieber, geht es dir gut? ist bei dir alles in ordnung? so weit in ordnung, wie es in ordnung sein kann? die mutter hat nach dir gefragt. und ich werde dir eine handvoll sterne vom himmel pflücken, wenn du zurückkehrst.*

angst

»die angst ist gelb wie der wahnsinn und die krankheit – und wie die mittagssonne. und die angst wird bei uns bleiben«, sagt frida zu nino, die gerade kaffee gemacht hat. weder kaffeesud noch zeitung verraten etwas über die nähere zukunft. frida meint, dass die lage noch schlimmer werden könnte. »malen wir keine teufel an die wand, bevor sie sich nicht von selber abzeichnen«, sagt nino, nimmt mit einem teelöffel zucker aus der verbeulten metalldose, pickt mit zeigefinger und daumen der rechten hand zwei körnchen schmutz aus dem zucker, kippt den rest in ihre kaffeetasse und schweigt. dass die teufel spuren hinterlassen und zeichen, das wissen sie beide. was eine tatsächliche spur ist und was nur eine eingebildete, das weiß sie nicht: fridas schuhe, die sie für gewöhnlich im eingangsbereich auszieht, mitten im flur, ihre blusen im kasten durcheinandergebracht und der rechner eingeschaltet: ist sie das gewesen am morgen, bevor sie zur arbeit gegangen ist? oder ist jemand in ihrem zimmer und in ihren ordnern gewesen? ninos offen herumliegendes notizbuch – wer hat es zuletzt in der hand gehabt? ali? ein fremder? sie selbst? was hat sie zuletzt darin gesucht? was hatten andere darin zu suchen? gründe für eifersucht? für eine verhaftung? zeichnen sich hier wirkliche teufel ab oder machen sich nur die bemerkbar, die sie im kopf herumträgt?

verschwindet einer und ist einer weniger da, der den mund aufmacht. der eine ist als aktivist bekannt, und wohin er verschwunden ist, lässt sich nicht mit sicherheit sagen, und auch nicht, wann er wieder auftauchen wird. spielt er nur verstecken? das versteckspiel erfreut sich größter beliebtheit. sieh, es werden immer mehr! und wir lesen davon in den zeitungen, in die leute das jausenbrot wickeln oder das entenfutter, wenn sie mit den kindern an den see gehen: und hinter gardinen aus schweden versteckt sich einer, der drogen bei sich gehabt hat; einer, der keine manieren hat; einer, der sich öffentlich unanständig gebärden hat müssen: ein junkie, ein irrer, ein perverser. und einer heißt ali und sagt sich, dass er vor nichts angst hat, nur um seine nino, die er nun nicht beschützen kann. dass er selbst manchmal schutzbedürftig und nino ganz schön stark ist, macht ihm die lüge ein bisschen schwe-

rer – die kleine lüge, die ihm das leben hier erleichtern soll, das leben mit magerer gefängniskost und dünnem tee, ohne ein buch und ohne seine lieben. und einer heißt che und auch der muss schnell verschwin-
(che) den. *zum zweiten mal an diesem tag stoße ich auf einen mann in uniform, das kann nur unglück bringen. der verfolgt mich seit jahrzehnten, verfolgt mich bis hierher, nur sein gesicht ändert sich ständig. habe ein bild von ihm am kiosk gesehen und sein neuestes gesicht in die metro einsteigen. verstecke mich hinter einer säule, nachdem ich am sahil ausgestiegen bin, in letzter sekunde, bevor die türflügel des zuges aufeinander zugekommen sind. verstecke mich und stelle mich tot. das totstellen fällt uns leicht mittlerweile, und die verabschiedung »pass auf dich auf!« und der gruß »wo bist du geblieben?« haben sich in unseren sprachgebrauch eingeschlichen, wir sprechen sie täglich wie stoßgebete, die der hellblaue himmel verschluckt. die sprache der sorge hat sich eingenistet bei uns, ist uns zur routine geworden wie die hundertfache kontrolle, ob die wohnungstür auch versperrt ist.*

hinter der versperrten tür stapeln sich schuhe auf dem zur fußmatte degradierten teppich, an den wänden hängen bilder. eines davon hat frida gemalt – es stellt ihr eigenes gesicht dar. das gesicht blickt ernst, wie alle ihre gesichter, die an die wände von privatwohnungen oder museen gelangt sind. um ihren hals legen sich der arm eines äffchens und die schleife des kopfschmucks. im hintergrund blätter. eine judasfigur aus pappmaché sitzt auf dem kleiderständer. frida hat sie dorthin gesetzt; sie liebt es, gegenstände ihrer gewohnten umgebung zu entreißen.

(frida) *ich bin gerade heimgekommen, sitze mit nino in der küche, wir sind ganz aufgekratzt, lassen lachend den KGB in unterwäsche durch unsere vorstellungen tanzen wie zu unserer schulzeit gefürchtete lehrkräfte. und so tanzen ein korpulenter und ein hagerer agent durch die erzählung, der dicke zwängt sich in ninos seidentanga, dem hageren rutscht fridas spitzenhöschen herunter. eigentlich gibt es gerade nichts zu lachen. wir weinen und lachen sonst nur noch gedämpft, als trügen wir ein schafsfell über dem kopf. ich zünde mir eine zigarette an und warte, bis che nach hause kommt. wie sehr muss erst nino warten auf ihren ali? wir kommen ins erzählen, wir erzählen geschichten aus unserer kindheit und aus unserem alltag, von unseren kolleginnen und unseren lieben, und wir hören nicht auf, bis uns ein schlüsselgeräusch unterbricht.* che kommt nach hause und stellt fest, dass unordnung in seinem kleiderschrank herrscht und selbst die schmutzwäsche ausgebreitet auf dem boden liegt. auch sein rechner ist eingeschaltet. – »frida, warst du das?«, will er wissen. frida erschrickt. dann also doch …

und die gänse gehn barfuß am tag und in der nacht und die türen haben ohren, die sie sperrangelweit aufmachen, wann immer ihnen ein geräusch unterkommt. die ohren sind unsichtbar, sonst würden wir sie ihnen schon abschneiden. aber sie hören alles und wir wissen nicht, wem sie es erzählen. wir sitzen bei tisch und schweigen, schweigen uns an und den auskühlenden tee, die türen, den randvoll gefüllten aschenbecher. schweigen über die zeitung, die ausgebreitet auf dem tisch liegt. nino fürchtet, dass ali noch lange fortbleiben wird. *und wir fürchten die klingel, fürchten das klopfen auf holz, wir fürchten das telefon und das rascheln – und es klingelt und klopft, es läutet und raschelt in unsere träume hinein.*

(nino, frida, che)

fähnlein im wind

»ich weiß nicht, ob ich lachen oder weinen soll«, sagt nino, und frida antwortet: »vielleicht beides.« am frühen morgen nach einer unruhigen nacht kam der anruf, die vorladung zum rektor – nino möge heute um zehn uhr in seinem kabinett erscheinen. was er wohl von ihr will? ehe sie sich auf den weg zur schule macht, fällt ihr vor aufregung die kaffeetasse vom fensterbrett in den hof und sie ist überfordert mit ärger und erleichterung, die ihr die scherben bescheren. der hausbesorger jedenfalls wird fluchen! sie sperrt wohnungs- und haustür jeweils doppelt ab und tritt hinaus in die halb schon sonnenbeschienene straße. die helle seite und die dunkle und dazwischen die katze mit dem abgeschnittenen schwanz und auf dem noch kalten pflaster die bettelnde alte und nino trippelt zur arbeit wie eine balletttänzerin.

(nino) *und ich trinke mit dem rektor tee heut'*
vormittag. vor mir das fenster, im rücken
die tür, und der vergilbte farbdruckoligarch,
der immer im raum ist, zu meiner rechten.

ich spüre sein steifes grinsen auf mir ruhen, werde unruhig – was macht es denn aus, dass er schon vor langer zeit begraben worden ist? auch den KGB gibt es nicht mehr, aber er klopft weiterhin an türen, unter anderem namen … che guevara und frida kahlo sind schließlich auch schon tot, sie bringen trotzdem noch die chronologie der erzählung durcheinander. und richard? lebt der denn noch? das ist schwer zu sagen, ist es doch kaum möglich, das kleinste detail über ihn in erfahrung zu bringen. vielleicht ist er in die berge gegangen oder in den park. der tote präsident löst sich langsam aus dem farbdruckhintergrund und beginnt zu sprechen: »ihr dürft von unserem porzellangeschirr und von unseren seidenen tischdecken fressen. ist euch das nicht genug? was wollt ihr denn noch für privilegien, ihr bauernsöhne? (von den töchtern spreche ich gar nicht, die sollen bloß den mund halten und heiraten, bevor ihre körper alt und fett und eklig werden.) seid froh, wenn ihr reis kriegt und fleisch und baklava und vodka! wir freuen uns schließlich auch, wenn ihr euch bei tisch einigermaßen zu benehmen wisst!« er ist alt, doch sein genaues alter ist schwer zu schätzen, sein haar ist schütter geworden mit den jahren, einige goldzähne verraten, dass auch sein gebiss beansprucht worden ist – und er hat im lauf der jahrzehnte nicht nur seine unterhosen und krawatten, sondern auch das parteibuch gewechselt.

da reißt mich der rektor aus den gedanken, heißt: aus dem strom des monologs. »verstehen sie mich bitte nicht falsch, frau kipiani … aber die umstände … um klartext zu sprechen: ich sehe mich gezwungen, obwohl ich diesen schritt … schließlich geht es um unsere kinder und da ist es nicht angebracht, dass jemand …« nino weiß das wortpuzzle zu vervollständigen, möchte die hände vors gesicht schlagen oder das bildnis von der wand reißen, aber sie lässt beides bleiben und stellt sich taubstumm. »ja, es geht um die kinder, frau kipiani, und um die eltern – was, wenn eltern kommen, um sich zu beschweren? was sage ich denen?« dass die kinder nino lieben und umgekehrt und dass nino richtig rechnen und rechtschreiben kann und ihnen beides auch beigebracht hat, ist keine mögliche antwort. das weiß der rektor selbst, darum geht es aber nicht. es geht um partizipation, die nicht erwünscht ist. sie möge sich fernhalten von gewissen angelegenheiten, rät er ihr beim öffnen der tür. das verlassen des kabinetts und der schule. aus dem gebäude hinaus auf die straße. die katze ist weg – nur die alte ist geblieben, und nino legt ein paar münzen in ihre aufgehaltene hand.

(nino) *nun bin ich entlassen oder: versetzt –, streife arbeitslos durch die stadt und den bulvar entlang, bis zu den großen fahnen, die munter im wind wehen. die andere schule braucht erst ab mai eine karenzvertretung – aber trotzdem: welch ein glück, dass so viele lehrerinnen schwanger werden! da ist es dann auch egal, wenn eine unverheiratete frau, eine mit einem freund hinter gittern, eine, die am 12. märz am fontänenplatz war … neben der allerletzten fahne, die an den wolken kratzt, komme ich mir so klein vor … ich entferne mich von ihr, irre durch die stadt, komme heim, ziehe die schuhe aus, werfe sie gegen die wand, zünde mir eine zigarette an und mit der glut der ersten gleich darauf eine zweite – da kommt frida in die küche, blickt mich an und fragt: »welche laus ist dir denn über die leber gelaufen?«* und nino erzählt frida die ganze geschichte – vom monolog des oligarchen bis zur versetzung – ihrer frida, ihrer geliebten schön- und schlechtwetterfreundin.

und abermals, wie an jedem dieser märzabende, verspürt frida das bedürfnis, den tag einfach ablegen zu können wie ein schmutzig gewordenes kleid. und auch wenn es zersplittern kann in tausend schneidende einzelteile, ist glas eine flüssigkeit; und durch die verrinnende scheibe mit ihren klaren kaskaden und den eingeschlossenen blasen, durch ihre unregelmäßigen schlieren sieht frida che in den hof treten wie durch einen wasserfall. er wirkt geknickt. spätnachts wird er mit ihr im bett liegen und von seinem tag erzählen: von der anstrengenden frühschicht; von dem mann in der nizami küçəsi, der dem uniformierten aus der metro aufs haar glich, es aber diesmal nicht war; von seiner angst und von seiner liebe zu ihr. und nino wird wieder einsam ins bett gehen und die sehnsucht wird ihre träume fressen.

zwischenzeit

alle vermissen sie ali: frida, che, die katze vor dem fenster, die kaum noch gestreichelt wird, sein küchensessel, der nun leer bleibt – am meisten vermisst ihn nino. sie versucht – allein und arbeitslos – die zeit schneller vergehen zu lassen. es heißt sie totschlagen oder vertreiben. die zeit aber ist keine schafherde, welche die hirten vor sich her- oder von sich wegtreiben können. sie ist zäh und voller überlebenswillen und verstreut sich in alle richtungen. *und die sehnsucht fährt ihre krallen aus und lässt uns klingeltöne wahrnehmen, obwohl unsere mobiltelefone stumm in der einen oder anderen zimmerecke, auf dem küchentisch oder zwischen den sich stapelnden büchern liegen. stündlich durchsuchen wir all unsere sozialen netzwerke wie auf beute hoffende spinnen; wenn es mit der einsamkeit ganz schlimm wird, lässt die sehnsucht uns bewegungslos vor dem rechner verharren, stünden wir auf und entfernten uns, könnte doch in unserer abwesenheit eine nachricht für uns eintreffen.*

(nino, frida, che)

eine der erwarteten, erhofften und gefürchteten nachrichten erreicht frida als erste und macht sogleich die runde: in der zwischenzeit ist weiterer protest angekündigt worden. tagelang kann niemand in erfahrung bringen, wo und wann die wut wiederkehren wird, wer beteiligt sein wird. es kursieren die unterschiedlichsten informationen. an angekündigten terminen passiert nichts, es scheint, als hielte die revolution einen verspäteten winterschlaf – alle straßentreffpunkte werden auf eine ungewisse zukunft verschoben. ist es die angst? ist es die lähmung, die mit ihr verschwistert ist? sind es unsicherheiten der einen oder anderen art? che spricht von seiner enttäuschung und davon, dass etwas geschehen müsse. frida und nino stimmen zu. eine rückkehr zum alltag ist sowieso nicht mehr vorstellbar, auch wenn rechnungen erlassen werden, der preis von eiern, milch und mehl gesenkt und der polizei die annahme von schmiergeldern erschwert wurde: welcher alltag?

frida ist gealtert, ihr gesicht ist knochiger, ihr brustkorb ist hagerer und ihre hüften
(frida) sind üppiger geworden. *ich lebe von schokolade und zigaretten, kaffee und schwarztee*

und von che, mit dem ich zimmer, schreibtisch und bett teile, ein bisschen auch von ali und nino – um einen tag alltag und nicht untag nennen zu können, bedarf es zumindest der morgendlichen und abendlichen begegnung in der wohnküche, vor und nach dem weg zur und von der arbeit. zum alltag gehört auch ali, der morgens unter der dusche singt, am boden sitzend ein buch liest oder den rauchenderweise am randstein hockenden arbeiter über meine schulter hinweg fotografiert.

frida setzt teewasser auf – immer noch misst sie die menge für vier tassen. sie blickt in richtung des fensters, das sperrangelweit offen steht. das leintuch bewegt sich nicht, obwohl ein leichter wind geht. vielleicht wurde es frisch gewaschen. auf einmal dringt musik aus dem türspalt. frida signalisiert che, dass es ein foxtrott und kein discofox ist, der da gespielt wird. als sie sich umdreht, sieht sie den spatz, der wohl durch das fenster hineingeflogen sein muss. sieht, wie das tier je zwei schritte nach vorn, zur seite und zurück macht, dabei die flügel bewegt, als ob es tanze. kann es das geben? kann ein mann ohne kopf durch baku laufen? vielleicht läuft er noch immer ohne ihn herum – wer weiß, ob er die reparaturwerkstatt tatsächlich gefunden hat? als frida die fassung wiedergewinnt und die arme schwingen lässt, um den vogel durch das fenster wieder ins freie zu lenken, fliegt dieser zur küchenzeile und bekleckert die abwasch. er pickt noch ein, zwei mal an ches schuhen und fliegt dann von selber wieder hinaus.

abends sitzen sie zu dritt in der küche und trinken moloko mit etwas hochprozentigem – das nennen sie molotov cocktail. sie trinken auf ali. nino ist noch verwirrt wegen des vogels und niedergeschlagen – sie fragt sich, wann ali wiederkommen wird, wie lange sie ihren eltern seine verhaftung verschweigen kann, ob sich in den nächsten wochen noch etwas bewegen und ihr die zukunft wieder eine anstellung bringen wird. sie könnte nachhilfe geben bis anfang mai, der lohn würde mit etwas glück für das allernotwendigste reichen. dann – falls sie die vertretungsstelle tatsächlich bekommt und die andere lehrerin nicht mehr in die schule zurückwill, sondern hausfrau bleibt …
ninos freude auf die ferien und auf novruz, das neue jahr, wird von dem unwort arbeitslosigkeit getilgt.

hokus pokus

wer sich traut, zündet zum novruz eine kerze an und schaut in den spiegel, dort wird der zukünftige warten, und was du träumst, wird auch in erfüllung gehen in sieben jahren. aber bis dahin ist ja noch zeit. und schließlich hoffen wir darauf, dass uns keine albträume plagen werden heut' nacht. und auf fridas kleinem schreibtisch das aufgeschlagene buch, darin der satz, wie eine drohung mit bleistift markiert: »fürchten sie sich nicht. sie haben ihn schon verloren.« und die angst vor dem schlaf ist genauso schon da gewesen wie das klopfen bei tage, und vielleicht kommen sie beide nicht wieder. »wann ali wohl wiederkommt?«, fragt che. ratlose gesichter.

nino geht als erste mit der kerze zum spiegel, es ist ja alles nur spiel, kinderspiel. sie schließt die augen und atmet ein und aus – und wie sie die augen auftut, tritt ali aus dem spiegel. sie blinzelt, als wolle sie sich versichern, dass sie nicht träumt. dann umarmt sie ihn so stürmisch, dass er kaum luft bekommt. frida stößt einen freudenschrei aus. che hingegen hat es sich abgewöhnt, sein inneres nach außen zu kehren. »wenn man vom teufel spricht!«, ruft er und lacht – auch frida muss lachen. ali kratzt sich am kopf, schüttelt den schmutz aus seiner kleidung, wirkt etwas verloren hier; wie einer, der lange weg gewesen ist, eben wirkt. sekunden später: ali und nino stehen einfach nur da und halten einander fest. frida und che sind in die küche verschwunden, um nicht zu stören. ali will sich die gefängnisspuren von der haut waschen. nino folgt ihm ins badezimmer, legt ihm ein sauberes handtuch und frische kleidung zurecht und sieht ihm beim duschen zu. frida setzt teewasser auf, stellt einen teller mit leckereien auf den tisch, schneidet kartoffeln und zwiebeln, brot und käse. che fährt sich mit der hand durch haare und bart und zündet eine zigarre an. ali kommt sauberer und selbstsicherer ins zimmer zurück und sagt: »du rauchst zu viel«, che deutet auf die entkorkte weinflasche in alis hand und entgegnet: »da redet gerade der richtige.« er schüttelt scherzhaft den kopf und verdreht die augen, wie immer, wenn ali sich an diese eine glaubensregel nicht hält. frida lacht und nimmt ali die weinflasche und che die zigarre aus der hand. flasche und zigarre machen die runde. ali setzt sich ans klavier und spielt eines von ninos lieblingsliedern. eine ausgelassene stimmung kommt auf und der duft von fridas kartoffelpfanne zieht aus der küche ins zimmer.

doch bevor gegessen wird, will auch frida noch ihren zukünftigen suchen. also kerze her und augen zu! als sie die augen wieder öffnet, stehen zwei KGB-männer im spiegel. der eine beginnt auf russisch, der andere auf aserbaidschanisch zu fluchen. aber alle hässlichen worte nützen ihnen nichts; es gibt kein zurück, und im spiegel wird es zu eng. der vorne zu stehen gekommen ist, fällt als erster aus dem rahmen. nie wird er eine schauspielerin heiraten, nie, nie! er wollte doch zu seiner verlobten, deren vater ihm ein auto und deren mutter ihm eine stange geld versprochen hat! er fährt sich erbost durch den schnauzbart. der zweite stolpert ihm hinterher, rauft seine haare. auch er denke gar nicht daran, der verdammte novruz-schabernack hätte ihn doch ins bordell befördern sollen oder – »meinetwegen auch auf den friedhof, aber sicher nicht zu dieser theaterfrau!« nicht nur, dass er diese kürzlich mit rot geschminkten lippen und einer zigarette in der hand auf der straße gesehen hat … jetzt steht sie ihm auch noch grinsend gegenüber, von kopf bis fuß in männerkleidern.

sie wollen nur noch fluchen, nur noch flüchten, wohin ist egal – bloß: wie? um den schlüssel zu bitten, wäre doch zu komisch. über die regenrinne hinab in den hof zu klettern, nicht viel besser. da öffnet sich das fenster und der eine, der mit dem schnauzbart und der verlobten, verwandelt sich vor aller augen in ein schwein. dem schwein wachsen flügel und der andere steigt auf seinen rücken. die katze auf dem baum vor alis fenster beginnt zu fauchen, doch da sind schwein und mann schon ausgeflogen in die weite nacht hinein. »dass menschen schweine werden und schweine fliegen lernen, ist auch nicht absurder als alis verhaftung«, wird frida später in ihrem tagebuch festhalten.

ali und nino könnten dem ungewöhnlichen flugobjekt noch lange hinterhersehen – doch sie haben andere pläne für den angebrochenen abend. erst wird allerdings gegessen. ali genießt es, seit langem wieder eine gute mahlzeit auf dem tisch – und: überhaupt einen tisch – zu haben. zwischen den bissen gibt er seine gefängnisanekdoten zum besten: der wärter, dessen schwiegersohn in der nebenzelle einsaß. die köchin, die ein verhältnis hatte mit einem anderen wärter, so wurde zumindest gemunkelt. und der ruf des muezzins fünfmal täglich als ersatz für die zeitanzeigen des telefons und der armbanduhr. alis uhr, die ihm nach der verhaftung abgenommen worden war, hat wieder zurück auf sein handgelenk gefunden – er springt auf und findet auch alle anderen dinge, die er an jenem tag dabeihatte, in seinem zimmer, jedes an seinem platz. che sucht im netz nach alis namen, er findet nur einen anderen, der am gleichen tag und zur gleichen stunde wegen drogenbesitzes verhaftet worden war. er muss an die märchen seiner kindheit denken: auch da blieben einmal entkommene immer frei.

frida und che sitzen noch lange in der küche und reden über das durcheinander der gefühle, das ihnen die letzten tage beschert haben. ali und nino haben sich in ihr zimmer zurückgezogen. sekunden später liegen sie nackt auf dem bett, das nach ihr riecht, er umarmt sie, küsst ihr haar aus horn und ihre haut aus seide. sie lässt ihre hände über seinen körper kreisen. sie möchte auf ihm reiten, und als er fragt, ob nur vom fenster bis zum meer oder bis nach georgien, lacht sie, beißt ihn in die wange und sagt, er möge bloß aufpassen, dass er sich nicht in ein schwein oder in einen esel verwandelt. er nimmt ihre brüste in die hände und fragt, ob ein esel denn an ihnen gefallen finden würde. die beiden küssen und lieben sich bis zum morgengrauen. durch das fenster schimmert der baum, dessen schwarze, verschlungene äste im halbdunkel nur schemenhaft zu erkennen sind. dahinter die nachbarliche hausfassade und das lieblos zwischen suppentöpfe, in denen blumen wachsen, verbannte novruz-nest auf dem balkon gegenüber.

auf weiter flur

sie sind vogelfrei und heimatlos, alle vier bis auf weiteres auch ohne arbeit. che hat die ganze woche keine schicht mehr, frida muss erst donnerstags wieder proben. ali kann sich seine zeit frei einteilen und nino ist immer noch arbeitslos. che schlägt vor, eine reise ins niemandsland anzutreten; dorthin, wo sich fuchs und hase gute nacht sagen und sie sonnenenergie und lungen voll frischluft tanken werden. am rande der autobahn angelangt, schließen sie eine wette ab: wer kommt schneller nach şəki, ali und nino oder frida und che? taxis gelten nicht, maschrutkas auch nicht. eine beteiligung am benzingeld gilt. ali gewährt che und frida den vortritt: »wir holen euch sowieso ein!« und sie sind übermütig und glücklich, stoßen auf gute menschen, die sie mitnehmen.

zwischen den mitfahrgelegenheiten die fußwege – den kessel aus steinwüste, der baku umgibt, haben sie hinter sich gelassen, die landschaft hier ist schon grün und bergig und die sonne scheint ihnen. reisende sind königinnen und prinzen hier. menschen nehmen sie mit, laden sie ein auf tee oder brot und auf ihre lebensgeschichten. der eine hat zur sowjetzeit studiert, er ist viel herumgekommen, hat sogar die DDR gesehen. mittlerweile ist er aufs land zurückgekehrt und hat den elterlichen hof übernommen. der andere kommt aus karabach: er erzählt von der versiegelten grenze; von bahngleisen, die im nirgendwo enden; von seinen gefallenen klassenkameraden und von dem neunjährigen kind, das beim spielen von einem heckenschützen erschossen wurde. (frida hat die geschichte schon einmal seitenverkehrt gehört – damals ist der erzähler armenier gewesen.)

(frida, che) *ali und nino warten schon im teehaus auf uns, als uns der mann aus karabach in şəki absetzt. wir trinken tee und planen unsere weiterreise. wir gehen zu fuß, halten den atem an, die schritte, unsere gedanken, vorbeifahrende autos – nur nicht: den augenblick, den wind, den regen, den einbruch der dunkelheit. doch irgendjemand wird uns schon aufklauben von der straße zu jeder unzeit, uns tee, marmelade und baklava geben, brot und käse, fleischsuppe, den männern zigaretten und uns allen ein bett für die nacht mit fein bestickten decken und frischen leintüchern.*

als sie zu fuß das erste bergdorf erreichen, hat sich die weißgepunktete himmelsdecke schon über ihnen ausgebreitet. ein alter mann, der spät aus dem wald gekommen ist, nimmt sie auf. der kaukasus füttert sie mit luft und liebe, die gastgeberinnen mit tee und marmelade, mit brot und käse, mit butter, die nach beifuß schmeckt, mit gebratenen eiern und fleisch. es wird lang geredet und gescherzt. die bauernfamilie ist neugierig, die jüngste tochter interessiert sich sehr für das theater, die mutter für den schulalltag in baku – auch sie war einmal lehrerin gewesen. nach mitternacht gehen sie zu bett, frühmorgens wecken sie die geräusche des bäuerlichen lebens. auf der terrasse wird gefrühstückt, dann nehmen sie abschied. *wir empfangen küsse vom kaukasischen wind, betrachten den eigens für uns ausgebreiteten grasteppich, aus dem bald blumen sprießen werden, versuchen zu benennen, was an den wegrändern wächst: links von uns der gemeine schneeball. rechts eine schlehe – ist es eine? wir wissen es nicht. eine heckenrose – dessen sind wir uns sicher. die grauen schatten der büsche auf den erdigen wegen, der sonnenschimmer auf dem laub.* frida nimmt einen nashornkäfer in die hand, hält ihn richtung himmel und

(nino, ali, frida, che)

setzt ihn vorsichtig ab auf das schwarz und moosgrün der bäume.

(nino, ali, frida, che) *vor uns entfaltet sich das origamigebirge. die rotgelben hügel und die rosa beschneiten berge in der morgensonne, die für uns scheint. wir trinken wasser aus bächen. smaragdeidechsen kreuzen unsere wege. ein hirte schenkt uns eine handvoll kräuter. mittags stehen wir auf dem gipfel, rundherum berge und schluchten, weit und breit niemand außer uns. wir reden und schweigen im gehen. wir fühlen uns wie in einem anderen land, in einer anderen welt, auf einem anderen planeten – dabei sind wir nur wenige hundert kilometer entfernt von der hauptstadt, von lärm und staub, von polizeisirenen und gefängnissen.* der nächste mensch begegnet ihnen abends, als sie am fuß des berges angelangt sind. er treibt eine kuh vor sich her. sie gelangen auf die hauptstraße. dort steht ein junger mann an einem brotstand. er schenkt ihnen einen laib brot, der frisch aus dem holzofen kommt und an den sie sich erinnern werden. in ihren rucksäcken nur flaschen mit wasser, ein bisschen geld, mobiltelefone ohne empfang und etwas zum überziehen, falls die abendliche kälte über sie hereinbricht. ein leichter muskelkater macht sich bemerkbar und eine wohlige müdigkeit. wenige häuser und ein laden. sie kaufen eine tafel schokolade. ein paar kinder mit zerzaustem haar und abgetragener kleidung. die mit einer verwitterten roten schleife an einen baum gebundenen blumen unweit des dorffriedhofs. auf der schleife stehen kaum mehr lesbar ein name und zwei zahlen: 1987–2010.

am fünften tag beschließen sie heimzukehren. frida muss wieder zur probe, che ins krankenhaus und ali möchte seine eltern und seinen bruder fuad wieder sehen. auch nino denkt an ihre mutter. frida würde gerne noch bleiben, aber auch sie kann der idee, bald wieder ein bisschen hektik und kulturelles leben, eine dusche und ihr bücherregal um sich zu haben, etwas abgewinnen.

ein bisschen glück

es scheint, als ließe sich glück mitnehmen, aus den gebirgigen gegenden nach baku tragen, im rucksack, im brustkorb, an den haaren und zwischen den zehen. das schöne am glück ist, dass es nicht weniger wird, wenn sich jemand davon bedient. glück lässt sich greifen, aber nicht stibitzen wie kugelschreiber oder feuerzeuge. »das ist wie bei einer idee«, meint frida, »wenn ich sie dir schenke, habe ich nicht weniger davon – und deshalb gibt es auch kein geistiges eigentum.« ali lacht und deutet auf den stapel von fridas fotokopien auf dem küchentisch. che erinnert sich, wie er die nutzungsrechte für seine bücher kostenlos zur verfügung gestellt hat – kuba, china, der sowjetunion …

»wer war zuerst da: der hahn oder die henne?«, fragt frida che, während sie mit einer hand seine brust und mit der anderen sein glied reibt. sie stecken unter einer decke; che überlegt, frida ist einige jahre älter als er. hände berühren körper und lippen finden zueinander. glück macht lust auf sex und sex macht glücklich. die beiden fallen übereinander her wie verliebte, die sich erst einen abend lang kennen, oder kleine kinder, die ihre freude am raufen eben erst entdeckt haben. und die glücklichste von fridas kindheiten war die in dem

(frida) kleinen haus in mexiko. *dort, wo die mutter war, die bunten wände und die leidenschaftliche musik, die mit mir kommunizierte. nun hat mein selbstgespräch auch ein du gefunden, nämlich dich, che. und wir fragen uns im stundentakt: »bist du glücklich?« und wir müssen nicht lügen, wenn wir JA sagen. hier herrscht närrinnen- und narrenfreiheit. wer närrisch ist, darf ehrlich sein und zuversichtlich – zuversichtlich, auch öffentlich NEIN sagen zu dürfen – und wenn nicht zu dürfen, so doch zu können. und che sagt, es sei wichtig, dass die da draußen auch mal ein NEIN zu hören bekommen.*

»die liebe kommt über uns wie ein tod«, sagt frida zu nino – und später liegt nino verschwitzt neben ali und sagt zu ihm: »mir ist, als wäre ich eben gestorben und doch nicht tot.« das abendlicht fällt in ihr zimmer, zwischen die zerwühlten bettdecken, auf die zu boden geworfene zeitung, auf alis

(nino) gesicht und auf ninos hinterkopf. *ich küsse*

deine stirn, deine wangen, deinen mund, fahre die konturen deines körpers entlang. ali, du schnurrst wie eine katze und wir liegen eng aneinandergeschmiegt und blicken aus dem fenster in den himmel. so oft kratze ich an den wolken, um die entflogenen wörter herunterzuholen, bücke mich, um die entfallenen sätze aus dem straßenstaub aufzuklauben – aber nun fallen und fliegen alle zärtlichen wörter und sätze mir zu und ich werfe mit ihnen nach dir. und ich flüstere dir ins ohr, dass ich dich so gernhabe, dass ich deine augen essen möchte – das schönste und missverständlichste liebesgeständnis, das sich aus der aserbaidschanischen sprache hervorholen lässt.

später, als die sonne schon untergegangen ist, zieht es sie nach draußen. sie treffen fuad in der kleinen spelunke zwei straßen weiter. auch fuad ist glücklich – er hat gestern in einem nachtlokal, von dem niemand weiß,
(fuad) wo es liegt, einen mann kennengelernt. *wir beide lachten, tranken wein, gingen miteinander nach hause. nebeneinander auf den belebten, arm in arm auf den ausgestorbenen straßen. in meiner kleinen küche angekommen: zögern, für eine zigarettenlänge, dann küsste ich ihn. seine hose über dem lampen-*

schirm, mein hemd auf dem küchenboden. im schlafzimmer: das leuchten seiner grünen augen im dunkeln, seine schönen worte, der erste sex. wir wechselten die rollen, wir liebten uns mehrmals. morgens, bevor wir die wohnung verließen, zog er meine und ich seine schuhe an. »und wir haben beschlossen, unser zusammensein, wenn nicht gleich der familie, so doch dem rest der welt zu offenbaren.« (ich sage es laut.) die einzige ironie des schicksals: der morgendliche anruf der mutter, die seit kurzem von der idee besessen ist, mir eine ehefrau zu suchen. unweit von ihnen steht richard an der bar. er grüßt, sagt, er freue sich, sie alle zu sehen, aber er müsse leider gleich weiterziehen. die anderen bleiben, trinken guten rotwein und tanzen zu den harmonischen tönen aus dem radio.

sommerzeit

die uhren müssen umgestellt werden und frida ist zu spät aufgewacht, sie beeilt sich trotzdem nicht, rechtzeitig ins theater zu kommen, wer weiß, ob die anderen … vermutlich auch nur diejenigen, die mit der gesamtsituation einverstanden sind und mit dem publikum, das ins theater geht, um seine abendgarderobe auszuführen. frida hegt den leisen verdacht, die bühne befinde sich im zuschauerraum. und sie habe eine freikarte bekommen, um das spektakel sehen zu können. noch ist sie aber nicht im theater, noch sitzt sie im bett. sie steht auf. sie schlurft in die küche, macht kaffee, gießt kaffee und milch in die geblümte tasse, trinkt einen schluck kaffee, zündet sich eine zigarette an, trinkt, zieht an ihrer zigarette … während sie trinkt und zieht, denkt sie, sie brauche einen kaffee und eine zigarette. das ist der moment des gewahrwerdens, der erkenntnis, dass es etwas anderes ist, wonach sie sich sehnt. vielleicht nach che, der schon aufgebrochen ist? nach ruhe? oder nach unruhen? sie kleidet sich an und läuft los in richtung probe.

der muezzin hat die zeitumstellung mitgemacht, heute mittag ruft er eine stunde früher. wenn nino arbeit hat, hasst sie die zeitumstellung: der ganze firlefanz – nur, um ein bisschen tageslicht zu retten und ein klein wenig energie zu sparen. aber jetzt ist ihr das gleichgültig. heute wird sie erst am nachmittag die wohnung verlassen, wird zu einer tochter aus gutem hause fahren und ihren schlechten englischkenntnissen

(nino) nachhilfe erteilen. *doch ehe ich mich versehe, ist die zeit um – ich eile aus dem haus, laufe die neftçilər prospekti entlang und nehme den bus in eine der noblen gegenden. und ich beweine den zärtlichen halbsatz, der an der haltestelle zurückgeblieben ist, das wort, das sich in den ästen des olivenbaums verfangen hat. ich hätte sie ali schenken mögen. die stunde vergeht schnell, obwohl das mädchen langsam lernt und erwartet, dass ich ihr die sprache auf dem silbertablett serviere.*

nachdem die sechzig minuten um sind, kehrt nino heim. sie schlägt die zeitung auf. bald soll sich wieder etwas bewegen. sie liest den artikel und legt die zeitung weg. ali ist aus dem haus gegangen ohne zu sagen, was er vorhabe heute. die katze geht den fenstersims auf und ab und scheint ebenso

sehr an seiner rückkehr interessiert wie sie. aber der katze ist es egal, ob sie weiß, was er
(nino) tut, solange er nur wiederkommt. *und das warten auf deine kurznachricht und immer die frage, wohin du gegangen bist. und ich habe geschirr gespült, habe gedanken in den teekessel geworfen und brodeln lassen, bis sie verdampft sind. und du kommst heim, als der nachmittag schön langsam abend wird, und du nennst mich engel; engel sind flatterhaft, so wie du – vielleicht bist du es leid, dass ich so beständig bin und so berechenbar?*

der KGB hat die zeitumstellung nicht mitgemacht – er kommt auch am nächsten tag noch unpünktlich, spät für den mittags-, früh für den abendbesuch. ist es der KGB? – die polizei, die eigentlich keine ist, sich aber so nennt. oder ist es diesmal die moralpolizei? – nach che sind das jene mistkäfer, die sich in das leben anderer leute einmischen, weil sie ihnen die aufregenden tage und
(nino, ali, frida, che) den gemeinsamen schlaf neiden. *wir öffnen nicht, sind wieder leise und warten, bis die klopfenden abziehen. wir sitzen in der küche und auf einmal sehen wir uns eine stundenlange debatte darüber führen, wer denn abwäscht … wir lenken uns ab von der liebe, von der enge der räume, von der politik; wir*

züchten neurosen und sommers vielleicht tomaten auf dem balkon. irgendwann steht nino auf und sagt, sie sei einfach nur müde von allem.

apriltage

als nino am nächsten tag von der nachhilfestunde heimkommt, findet sie ihren kleiderschrank und ihr bücherregal leer. auch ihr rechner ist nicht mehr da, wo er gestern war. sie denkt, ihre augen spielen ihr einen streich. sie sucht nach wasserflecken an der decke, die eine übersiedelung der dinge ohne ihre zustimmung erklären würden. sie sucht nach spuren von einbrechern – doch nichts. sie sucht unter dem schreibtisch, unter dem bett, in der kommode – kleider und bücher können sich doch nicht in luft auflösen! nicht? da sieht sie frida hinter sich stehen. es ist keine zeit für schabernack. frida kann trotzdem den ersten april nicht auslassen. nino muss lachen.

am zweiten april wird es sowieso keinen anlass zum scherzen mehr geben: eine kundgebung soll stattfinden. ein angebot wird gemacht: die menschen dürfen auf die straße gehen, so sie sich mit einem platz am rande bakus zufriedengeben. wieder verhaftungen im vorfeld und lügen in der zeitung. das angebot wird ausgeschlagen, der zorn will sich nicht an die ränder verdrängen lassen. auch frida will diesmal den fontänenplatz zur bühne erklären für ihr wut- und trauerspiel. ali bleibt zu hause, alles andere hieße, das schicksal herausfordern. sie gehen zu dritt hin. hunderte menschen nehmen sich den öffentlichen raum, aber niemand weiß, wer zu ihnen gehört und wer nur so tut als ob – so tut als ob und dann eine oder einen von hinten packt und in einen der busse zerrt. nino wird ergriffen. sie presst die augen zu, es hat keinen sinn, sie offen zu halten. sie weiß sowieso, wohin die beiden männer sie bringen. sie wird auf etwas weiches gesetzt und losgelassen. mit einer unauffälligen handbewegung schaltet sie ihr telefon aus. sie sitzt ganz vorne, hinter dem fahrersitz, wie sie es oft getan hat – morgens, wenn sie zur arbeit wollte und es zu eilig hatte, um zu fuß zu gehen. nur dass auf dem weg zur arbeit kein tränengas in den bus gesprüht wurde, sie nicht das gesicht in den händen bergen und unter atemnot weinen musste.

draußen geht ein schaufenster zu bruch. frida und che denken simultan: »zivilpolizei!« – und sie haben nino aus den augen verloren. versuchen fortzulaufen, sich durch die schmalen gässchen an der nord-

seite des fontänenplatzes einen fluchtweg zu bahnen. hinter ihnen laufen polizisten.
(che) *frida und ich haben hundert meter vorsprung. als wir fallen, weil wir das schlagloch vor unseren füßen nicht sehen, sind es nur noch fünfzig. das bisschen angst, das bisschen sorge, das bisschen schmutz an deiner hose, das bisschen blut an meinen knien. das bisschen chaos im hirn und die leichte nervosität. das herunterspielen der angst habe ich in der nussschale gelernt, mit der wir damals von mexiko nach kuba übersetzten. es wird knapp für uns, vierzig, dreißig, verdammt – zwanzig … eine alte frau macht das haustor zu unserer linken auf und winkt uns herein. wir folgen ihr in ihre wohnung; sie bringt zwei gläser wasser, zeigt frida das badezimmer und macht sich in der küche zu schaffen.* nachdem frida sich erleichtert hat, fällt ihr nino ein. wo ist sie? hat sie es nach hause geschafft? wurde sie mitgenommen? die retterin wischt sich die hände an der schürze ab, sie beginnt che von ihren enkelkindern zu erzählen und auf die polizei zu schimpfen. sie spricht nicht zu ende, statt weiterer worte bringt sie den beiden tee mit brombeermarmelade. frida versucht indessen, nino zu erreichen. ninos mobiltelefon ist abgeschaltet. che zittert. der tee lässt das

zittern nicht aufhören, macht es aber ein bisschen besser.

der bus mit nino fährt ab in richtung peripherie, dorthin, wo jede kundgebung sinnlos gewesen wäre, er parkt zwischen pinien, einer nationalflagge und niedrigen häusern, die gut doppelt so alt sein mögen wie sie selbst. ihre daten werden aufgenommen, sie darf gehen. wieder nimmt sie die geometrie der plattenbauten wahr, zwischen denen sie sich befindet: bewohnbare würfel und quader, die überall vom westen ungarns bis zum osten russlands in ähnlicher form hochgezogen wurden. die nach oben hin sich verengenden rechtecke, die sie sieht, wenn sie direkt vor ihnen steht; die großen fensterquadrate, die durch zwei kreuzförmig sich schneidende linien zu vier kleinen quadraten werden; die horizontal gestreckten rechtecke der balkone. der schmutz ist da das einzig asymmetrische. frida hat ihr einmal erzählt, dass sie ihn deshalb als kind gehasst hat: weil er die schöne gleichmäßigkeit zerstört. frida, ihre liebe frida! auf sie ist nino gerade besser zu sprechen als auf che. dieser hat sie letztens wegen des liegengelassenen adressbuchs angeschnauzt …
sie hatte eine kollegin bitten müssen, es für

sie in sicherheit zu bringen. nino schaltet ihr telefon wieder ein und ruft frida an. mit ali telefoniert sie so gut wie nie. durch eine stimme ohne körper kann er keine richtige freude empfinden. so ähnlich hat er es zumindest ausgedrückt, als sie ihn gefragt hat, warum er so selten anrufe …

nino kommt nach hause. ali wirkt nervös, er hat schließlich stundenlang gewartet auf sie. frida versorgt ches aufgerissenes knie und ihm entkommen einige flüche, weil sie sich mit dem verbandszeug recht ungeschickt anstellt. nino muss fast weinen, diesmal nicht vom tränengas. sie schaltet den rechner ein, will erfahren, ob diejenigen, die in anderen bussen gesessen sind, auch freigelassen wurden. che humpelt zum herd und sagt, er werde heute abend kochen. ali bietet an, ihm dabei zu helfen. frida nimmt ihre rolle an und beginnt zu singen. nachts schlüpft sie aus der rolle heraus und zu che unter die decke, die sie demnächst durch ein leintuch ersetzen können, sobald es etwas wärmer geworden ist.

verwunschen

richard kündigt seinen besuch sehr kurzfristig an. frida empfängt ihn am frühen nachmittag. nino ist zu ihrer nachhilfeschülerin gegangen, ali zu einem freund und che ins krankenhaus. frida hat nichts dagegen, mit richard alleine zu sein, ganz im gegenteil: sie hat heute das bedürfnis, unter vier augen mit ihm zu sprechen. obwohl er ein sogenannter frauenheld sein soll – ihr würde richard nie zu nahe kommen. aber vielleicht hat er informationen. er sagt, es werde bald wieder etwas passieren, aber es würde alles darangesetzt, dieses etwas im keim zu ersticken. beide seiten täten gut daran, sich vorzubereiten. ob es bei ihm persönlich etwas neues gebe? »was ist denn schon persönlich?«, will richard wissen.

frida zieht an ihrer zigarette, setzt sich und beginnt zu erzählen, noch ohne richard überhaupt einen platz angeboten zu haben (der hält aber sowieso nicht viel von konventionen und setzt sich auf den stuhl neben ihr). sie erzählt von den besuchen, von den ereignissen der letzten tage und wochen. »die wohnung ist verwunschen«, sagt sie. »hier gehen wünsche in erfüllung und auch das, was wir uns nicht gewünscht hätten.« es ist geradezu so, als würde die magie an den wänden haften, sich im spülkasten verstecken oder unter dem dunkelgrün lackierten schuhregal. als würde sie an den garderobehaken hängen oder an den schief eingeschlagenen nägeln im vorzimmertürrahmen, wie die aus eisenguss gefertigten bartschlüssel, die manchmal spießen beim auf- und absperren der türen. ist ein schlüsselbund mit blauer quaste dabei, so ist dies ein zeichen – frida ist zu hause. die alten schlüssel und die dazugehörigen schlösser gibt es wirklich, die magie nur in büchern und redewendungen. richard nickt und sagt nicht viel – außer: »ihr dürftet nicht die einzigen sein.«

nino springt zwischen zwei stationen aus dem bus. sie überlegt, ob sie noch schnell zum laden an der ecke gehen soll, milch holen und ein bisschen mit dem verkäufer plaudern. sie steckt sich eine zigarette an, obwohl sie gleich auf dem balkon rauchen könnte, überlegt, ob sie nach hause möchte, ob ali dort auf sie wartet – und ob sie richard begegnen oder diese begegnung vermeiden will. es scheint, als könnten ihre hände keine sekunde lang untätig sein. in der linken hält sie die zigarette, mit der rechten kramt sie in der handtasche. die geldbörse, die losen münzen, eine damenbinde, ein lippenstift, ihr telefon, das notiz-

(nino) buch – *wo ist der schlüssel? ich kann ihn doch nicht verloren haben, den schlüssel zu unserer wohnung, zu zimmer, küche und balkon. hat ihn mir jemand …? nein, das zu denken ist paranoid. mindestens zehnmal habe ich ihn schon liegen gelassen, in der schule, auf der universität, in der bibliothek, in der arbeit … aber wo diesmal? bei der nachhilfeschülerin habe ich meine tasche doch nicht aufgemacht – oder doch?*

sie geht die straßen entlang, zieht kreise, und als die kreise schon dreimal fast deckungsgleich sind, beschließt sie, nach hause zurückzukehren. die eingangstüre steht offen. der dunkle gang, der nach moder riecht. rot, blau, gelb, rosa, schwarz, meist aber weiß und grau: die wäscheleine im hof. sie wirkt nicht so, als könnte sich jemals ein geist in den halb schon trockenen leintüchern verborgen haben. auf dem baum eine fremde schwarze katze (oder ist es ein kater?), die (oder der?) sich streckt und mit erhobenem hinterteil und fast den ast berührendem kinn ihre (oder seine?) krallen schärft. als das tier nino erblickt, faucht es. sie geht die stiegen hoch und denkt an alis wundersame wiederkehr. sie klopft und ruft, dass sie es sei. richard ist weg, frida öffnet. auf dem küchentisch liegt ninos schlüsselbund mit dem metallenen anhänger, dem halben herz, das ali ihr damals zum geburtstag geschenkt hat.

zusammenbrüche

manche zusammenbrüche ereignen sich so still, dass sie niemand mitbekommt. andere bemerkt die halbe welt und wieder andere finden ihren weg in die geschichtsbücher. in der autoreparaturwerkstatt nebenan arbeitet ein alter mann, der den zusammenbruch der sowjetunion noch immer nicht verwunden hat. in seiner schublade liegt ein bild von lenin und ständig wiederholt er, wie schade es sei, dass sein sohn keine sowjetische universität mehr besuchen könne. andere zusammenbrüche sind scheinbar privatsache, weil sie nur einzelpersonen betreffen; noch dazu solche, die vermutlich nie ihren weg in ein geschichtsbuch finden werden. und selbst wer glaubt, nerven wie drahtseile zu besitzen, soll gewarnt sein: auch ein drahtseil kann reißen, und dann geschieht ein viel größeres unglück, als wenn ein gummiband mittendurch reißt oder ein bindfaden zerfasert.

nino ist stark, aber der drohende nervenzusammenbruch ist bereits an sie herangeschlichen, an ihren rändern angelangt. sie

kaut ständig an ihren fingernägeln herum,
raucht zu viel, schläft kaum, vergisst auf
wichtige anrufe, aufs essen, lässt dinge zu
hause oder anderswo liegen, kann sich nicht
mehr erinnern, wo sie ihre habseligkeiten
angebaut hat. frida versucht, keine panik
(frida) hochkommen zu lassen. *mein zimmerfenster
aus milchglas, lichtdurchlässig und blick-
dicht – niemand beobachtet mich. ich bündle
meine nerven wie ein sträußchen petersilie,
zusammengesteckte blätter, falte origamifigu-
ren, das soll angeblich gelassenheit bringen.
falle in meine rollen und hoffe, dass ich nicht
hängen bleibe in ihnen. möchte einen schrei
aussenden, aber weiß nicht genau, an welche
adresse.* che geht es nicht viel besser: das
krankenhaus, wo er der arzt, die wohnung,
wo er kumpel und geliebter, die straße, wo
er freund oder feind ist, dummer jugend-
licher oder respektierter mann, und manch-
mal der kreisel im kopf und die angst, das
bewusstsein zu verlieren. und keine medi-
zinische erklärung dafür parat … ali lässt
sich am wenigsten anmerken. doch irgend-
etwas nagt auch an seiner substanz.

nino hat kein gutes gefühl dabei, aber langsam wird es zeit … sie ist wochenlang nicht mehr bei ihrer familie gewesen, dreimal schon hatte sie die mutter auf später vertröstet. sie geht aus dem haus und läuft die straßenränder entlang, vorbei an den sterbenden jugendstilhäusern, die ihre fensteraugen aufreißen – aus den türen flüstert es ihr zu: »noch ein, zwei jahre werden uns menschen bewohnen …« vorbei an den alten männern, die auf stühlen vor einem der häuser sitzen und nerd spielen; vorbei an einem kleinen souvenirstand, wo zwei frauen aus dem ausland amulette in form flachgedrückter augäpfel erwerben, die gegen den bösen blick schützen sollen. böse blicke können aus dem nichts kommen (oder doch eher: aus gesichtern von passanten?), sie beschleunigen den schritt der betroffenen und die blauen glasaugen können gegen sie nichts ausrichten. nino ist vor dem haus angelangt, in dem die elterliche wohnung liegt. sie ist schneller gegangen als notwendig, ihre innere uhr hat sie angetrieben, aber die mutter wird sie auch einlassen, wenn sie zu früh dran ist. sie betritt den vertrauten innenhof, der ihr in den wenigen wochen so unvorstellbar fremd geworden ist.

als die mutter sie an der eingangstür in empfang nimmt, weiß nino, dass etwas vorgefallen ist. minuten später weiß sie auch, dass der KGB nicht nur an ihre haustür geklopft hat. die szene, die sich vor ihr und mit ihr mittendrin abspielt, steht sie durch. das kopfschütteln des vaters, die gefährlich laut werdende stimme der mutter. die frage nach erklärungen; die frage, warum sie ihren eltern kein ruhiges leben ermögliche; die frage, ob es ali gewesen sei, der sie dazu angestiftet habe. und schließlich auch die, ob sie denn nicht in der arbeit probleme bekommen könnte deshalb. nino denkt an frida, sie beschließt, sich eine rolle anzuziehen als schutzmantel samt tarnkappe. sie erfindet einen vorgesetzten, der ein heimlicher oppositioneller ist; einen ali, der keiner ist; eine arbeitskollegin, die sie auf die kundgebung gebracht hat. sie möchte gehen, aber die mutter hat bereits tee gemacht, und auch das abendessen dampft schon am herd. so bleibt sie und isst mit ihrer mutter, die kaum einen bissen anrührt, mit ihrem vater, der wieder ein bisschen älter aussieht. als sie die einstmals heimische wohnung verlässt, merkt sie, dass der nervenzusammenbruch im hof unter den wäscheleinen, zwischen alten stühlen und zerbrochenen blumentöpfen auf sie gewartet hat. sie fällt und weint und kann nichts dagegen tun und ein zittern nistet sich ein in ihrem körper. vater und mutter stehen nicht am fenster, aber die nachbarin kommt beladen in den hof, lässt sogleich die müllsäcke fallen, die sie wahrscheinlich gerade in die tonne werfen wollte, kniet sich zu nino nieder und drückt sie an ihren busen, der beim letzten treffen noch nicht so groß und schwer gewirkt hatte. nino schafft es gerade noch, sie zu bitten, den eltern davon kein wort zu sagen.

ein schweigsames heimkommen, das zittern nur noch innerlich spürbar. che sitzt in der küche und weint. frida ist indessen in ihr zimmer verschwunden. nino wird schnurstracks zu ihr eilen und wissen wollen, was denn los sei. frida wird nino verraten, dass che ihr heute vormittag eine szene gemacht hat, geschrien und getobt hat er – und sie, die sie sich nichts zuschulden kommen hat lassen, versteht die welt nicht mehr … wenn sie das bedürfnis habe, den tag abzuwaschen, dusche sie abends, sagt frida und sucht im kleiderkasten nach einem sauberen handtuch. (che kommt gut fünf tage ohne dusche aus, wenn es nicht anders geht.) nino fällt ein, dass sie seit wochen morgens und abends versucht, die nächte und tage von sich abzuputzen.

katz und maus

am nächsten morgen verlässt frida das haus früher als nötig, auch ali geht um neun los, um endlich wieder die bibliothek aufzusuchen. nino sitzt mit einem nachthemd bekleidet und einem buch in der hand auf dem bett. die decke hat sie bis über ihre knie gezogen. da klopft es an der türe. es ist che. »ich hab schlecht geschlafen und hab angst da drüben allein im zimmer, darf ich zu dir kommen?«, fragt er. er setzt sich ans fußende des bettes. sie reden: von ihren zusammenbrüchen, ihrer angst, der häufigen abwesenheit fridas und alis. nino weiß nicht, wie ihr geschieht – sie verspürt das verlangen, ihn zu küssen und ihn unter ihre decke zu ziehen. kurz denkt sie, ihr verstand schalte sich eben aus, doch dann lässt sie ihr gefühl gewähren – ein gefühl, das ihr sagt, dass sie ein bisschen körperliche nähe braucht.

als ali nachmittags heimkehrt, realisiert er sofort, dass etwas anders ist als sonst. als nino merkt, dass er es ohnehin ahnen wird, spätestens im lauf der nächsten tage und wochen, sagt sie: »ich habe mit einem anderen geschlafen.« nun bricht es aus ihr heraus: der andere war che, es war heute vormittag … er, ali, war nicht da, war nie da … und er fragt sie, ob sie denn nicht damals schon, mit dem armenier aus der schulzeit …? ali weiß, dass der sich schon lange in den friedhof gebettet hat, den nino in ihren hirnhälften mit sich herumträgt. sie schweigt und zittert und in dem moment kann sie ihn nur noch hassen dafür, dass er wegen dieses einen seitensprungs den totenacker in ihrem kopf umpflügen muss … ein schlüssel dreht sich im schloss. frida kommt herein, streift die schuhe ab und geht in ihr zimmer. che benötigt nicht länger als nino, um zu erkennen, dass er gestehen muss, und zwar jetzt sofort. frida simuliert gelassenheit, sagt »ach, wirklich …« und etwas in ihr beginnt zu kochen. bevor sie verdampft und nichts von ihr übrig bleibt, muss sie etwas anderes tun. sie macht sich so klein und flach wie nur möglich und verkriecht sich in ein buch, aus dem sie erst spätabends wieder auftauchen wird.

(nino, ali, frida, che) *und obwohl täglich katz und maus gespielt wird mit uns, spielen wir mit, mit denen, die uns fordern, als wäre es schach – und in unserer freizeit verlangen wir nicht nur revanche, wir eröffnen miteinander auch neue partien, überlegen strategien, wir versetzen und verletzen uns gegenseitig, als sei es unser liebster zeitvertreib.* am nächsten morgen muss nino zu ihrer mutter, die sich gesundheitlich etwas angeschlagen fühlt. che hat frühschicht. frida geht den gang auf und ab. kehrt zurück ins zimmer. kocht kaffee. lehnt, eine zigarette rauchend und die postkarten an der wand betrachtend, vor alis offener türe. sie merkt, dass sie nicht ganz zufällig hier ist. er merkt es auch. die beiden wissen, dass auch ihr gegenüber sich zu den gehörnten zählen kann. frida muss schmunzeln. er wünscht ihr einen guten morgen. sie tritt einen schritt näher an sein bett. er streckt sich. sie berührt seine schulter. noch liegt sie auf, er unter der decke. er fasst nach ihrem hals. sie legt die hände auf seine brust. ein verlangen meldet sich. ein zweifel auch. das verlangen ist stärker.

mittags sitzt frida mit ali in der küche. sie meint: »absurd, so als wäre es nur um die revanche gegangen.« er sagt ja. als che heimkommt, kann frida es trotzdem nicht

(nino, ali, frida, che)

lassen, ihm »eins zu eins!« zuzurufen. *und wir sitzen abends am küchentisch und spielen mensch ärgere dich nicht und russisches roulette mit unseren herzen und der KGB spielt rätselraten: wer von den hier ein und aus gehenden männern und frauen schläft wo und wann mit wem? die agenten liegen nicht immer richtig: weder hatte frida mit richard, noch hatte nino mit fuad andere kontakte als freundschaftliche. fridas affäre mit samira hingegen hat keinen eingang in inoffizielle akten gefunden – dass zwei frauen miteinander schlafen, übersteigt doch die vorstellungskraft mancher menschen … wir sind ihre spielfiguren, aber wir spielen nicht mit. wir spielen stattdessen mikado mit worten, ganz so, als hätten wir keine anderen sorgen.*

ali steht als erster vom küchentisch auf und zieht sich zurück auf den balkon, steckt sich eine zigarette an und schlägt ein buch auf. das buch in seinen händen handelt vom verschwinden. und vielleicht verschwindet auch ali bald und verwandelt sich in eine geschichte, in einen wolkenkratzer oder in einen goldenen springbrunnen mit osmanischen ornamenten. »gelegenheit macht diebe«, denkt frida und stiehlt sich davon. hinaus aus der wohnung und hinein in die nacht, wo sie sich mit ihrer freundin lala, der mohnblüte, treffen und auf die suche nach leben machen wird.

letzte unruhen?

(nino, ali, frida, che) *wir schlagen uns die nächte um die ohren und die bösen worte, die plastikblumen und die zeitungen; wir haben aufgehört, vor sorge zu fasten, und schlagen uns die bäuche voll und können gar nicht so viel fressen, wie wir kotzen wollen.* frida steht in der küche, eine zigarette in der linken, eine teetasse in der rechten. che sitzt auf dem sessel neben ihr. sie schmettert die tasse gegen die wand; es ist ein wetterleuchten in frida und aus ihr hinaus, ankündigend, dass ein gewitter ins haus steht, dass die wäsche von der leine genommen werden muss und die fenster geschlossen werden sollten. es beginnt dann zu blitzen und zu donnern und fridas blitze treffen alle, die nicht rechtzeitig in deckung gegangen sind. nino, die gerade aus ihrem zimmer getreten ist, versteht die welt nicht mehr. frida, die ihr freundin und ein bisschen göttin gewesen war, schläft mit ali – und das nur, um sich zu rächen –, und dann regt sie sich auch noch auf?

doch nicht nur in der kleinen wohnung nahe der altstadt, auch im sahilpark droht ein gewitter auszubrechen. nino geht hin, diesmal alleine. die katze mit dem gebrochenen fuß streift die vidadi küçəsi entlang, und ali mag den klang des straßennamens, und nino möchte sie treten, die katze (und vielleicht auch frida, die seit ihrem seitensprung überheblich ist zu ihr und aufbrausend zu che), und gleich schämt sie sich bei dem gedanken – was kann denn das arme tier dafür? vom osten der stadt steuert frida auf die kundgebung zu, vom südlichsten ende – dem bulvar – bewegt sich che in richtung park. nino wird ergriffen, in ein polizeiauto gezerrt, von einem mann in zivil, der so fest anpackt, als wolle er ihr den arm brechen. sie fühlt, dass dies für längere zeit die letzten unruhen bleiben werden, dass die menschen sich kleinkriegen haben lassen: die vielen, die nicht dabei waren – und die wenigen, die dabei waren, auch. aber: kein ende ist absolut, bis auf den tod. nino ballt die faust in der jackentasche und sagt sich: »und der soll mich holen, wenn sich hier nicht irgendwann wieder etwas bewegen wird!« che wird ebenso geschnappt, kurz vor dem eingang des parks. sie schleifen ihn über den boden, und er spürt, wie die haut an den beinen abschürft und die wunden beginnen zu brennen. sie stecken ihn in einen vollen autobus. er schützt sein gesicht mit dem halstuch, das er zu solchen anlässen trägt, aber es kommt kein tränengas durch die offenen fenster.

frida erreicht den park, was vielleicht an dem presseausweis liegt, den lala ihr zugesteckt hat. sie sieht journalistinnen und fernsehreporter; ein paar ausländerinnen, die sie schon einmal in einer bar getroffen hat; die männer vom KGB und ein paar ältere frauen; einen jugendlichen, der die szene filmt. sie sieht auch ein kleines mädchen, vielleicht sechs oder sieben jahre alt, an der hand der mutter durch die menge gehen. die kleine beginnt zu rufen, schon packt ein polizist die mutter am arm. das kind lässt die hand der mutter nicht los, der polizist nicht den arm der frau. die dreierreihe bewegt sich in richtung polizeikordon. eine menschentraube bildet sich um das geschehen. richard ist da; er steuert auf einen der polizisten zu und spricht ihn an. hat der eine die macht, zu entscheiden? woher weiß richard, wer hier entscheidet? vereinzelt werden menschen festgehalten, aber kaum jemand ruft. frida blinzelt und merkt, dass sie vom neongelb der presseuniformen umgeben ist. es fehlen jedoch diejenigen, über welche die menschen in den schutzwesten schreiben könnten. frida weiß es, bevor sie zu hause ankommt: alle wurden seit tagen abgehört und beobachtet – es war der polizei sicher ein leichtes, sie auf dem hinweg einzusammeln, alt oder jung, organisiert oder nicht, allein oder in gruppen. auch nino und che werden dabei gewesen sein. frida flucht. stunden später wird che an einer, nino an einer anderen straßenecke freigelassen.

wieder alltag?

scheinbar kehrt wieder alltag ein in baku. frida findet sogar wieder zeit, zum kleinen kosmetikladen hinter dem bahnhof zu gehen, die xətai prospekti hinauf und über die unbebaute ebene, durch die sich ein trampelpfad windet, zum bazaar. die regale voll wimperntuschen, puderdöschen und lippenstifte. auf dem bahnhofsplatz die männer in schwarz und die frauen in dunkelbunt, die frida vom oberen ende der stufen beobachtet. die alte, die immer hier ist und die straßenkatzen füttert. die langsam vertrocknenden gräser auf dem weg, die abgetrennten rinderköpfe und säcke mit innereien vor den fleischhauerläden. wie viel zungenschnalzen und pfiffe frida unterwegs auf sich zieht, hängt weder von der kürze ihrer röcke noch von der röte ihrer lippen ab. heute dreht sie sich kaum um, sie ist nicht in stimmung, die kindischen jungen und alten männer zur rede zu stellen.

auf dem bazaar die frauen und männer, die mit ihren blicken tomaten zählen und wiegen, deren handflächen das gewicht der gurken sehen und die schon ahnen, welche auf der unterseite angefaulte stellen haben, ohne sie auch nur aufzuheben. die hände verraten das alter eines menschen, nicht das gesicht. die hände der marktfrauen sind strapaziert und rau, die der älteren sind mit schuppiger haut bedeckt, die nägel gerillt und gelblich, die adern zeichnen sich deutlicher ab. fehlende oder vorhandene ringe sagen: ich habe einen mann gefunden, den ich heiraten werde. oder: mir wurde ein mann gefunden, den ich heiraten werde. oder: ich habe den gefundenen mann bereits geheiratet. oder: der mann wurde noch nicht gefunden; bei vielen adern und falten an ungeschmückten händen: die schatzsuche wurde eingestellt.

(frida) *und ich habe mich vor ein paar wochen noch mit nino unterhalten, wir haben über die sogenannten schätze geredet, die frauen hier bis zur ehe behalten sollen und derer wir uns schon vor längerer zeit entledigt haben: was sagt es über eine gesellschaft aus, wenn der schatz eines mädchens aus einem intakten fetzen haut zwischen ihren beinen besteht? und eigentlich habe ich ja so viel mit nino gemeinsam …*

»du bist schön«, sagt ein verkäufer und drückt frida ein kilo tomaten in die hand.

sie bedankt sich, in einem tonfall, der ihm zu verstehen gibt: »rede nicht weiter!« an einer ecke stehen zwei marktfrauen beisammen. die eine beginnt leise über die politik zu fluchen. ihre rechte hand ziert kein ring – vielleicht war sie als jugendliche zu ungestüm gewesen, zu unabhängig, um ihren schatz und ihr leben dem ehealltag hinzugeben? die andere scheint verwitwet zu sein, mit ausnahme eines grauen halstuchs trägt sie schwarz, und irgendein kummer hat sich deutlich in ihr gesicht geschrieben. sie stimmt in das geschimpfe mit ein. frida steuert auf sie zu, nickt und kauft ihnen violette zwiebeln und dunkelgrüne feldgurken ab. kleingeldgeklimper in fridas hosentasche. trageriemen, die in ihre handflächen schneiden. eine magere katze, die ihren weg kreuzt und sie an ihre sieben leben erinnert. aber die gedanken sind bald mit der katze davongerannt. frida bleibt stehen und geht die einkaufsliste in ihrem kopf durch. sie muss noch nach kräutern suchen.

nino hat sich einer weniger profanen tätigkeit gewidmet: sie hält nach wörtern ausschau, die sie ali schenken möchte, in den grünenden ästen der bäume, im struppigen fell der straßenkatze, in ihrem eigenen (nino) körper – *ich will wieder anfangen zu glauben, dass es sieben himmel gibt, dir immer alles gestehen und meine liebe dazu, suche nur noch die worte für eine versöhnung …* auch ali vermisst seine nino, obwohl sie neben ihm lebt – er weiß, dass er zu weit gegangen ist, hofft, dass sie ihm verzeihen wird. als sie heimkehrt, aus den straßen der umgebung in die wohnung wirbelt, muss er sie an sich ziehen und umarmen. ein seufzer der erleichterung entfährt ihm, als sie ihren kleinen körper wortlos und fest an den seinen drückt. nun wird die erzählung doch noch fortgesetzt wie liebesgeschichten, die in ost und west von mund zu mund oder in papierform von hand zu hand gereicht werden … nur: kann das eine schöne liebesgeschichte werden mit den beiden streitenden nebenan, die wechselweise so tun, als wäre ihr gegenüber aus luft, und in den raum schimpfen, als wollten sie es vertreiben? deren gehässigkeiten durch die türen und wände auch zu ali und nino ins zimmer gekrochen kommen?

che denkt daran, dass mittlerweile medizinisch erwiesen wurde, dass herzen brechen können. abends liegt er alleine auf der matratze, die er vor tagen bereits in die küche getragen hat, und grübelt über das letzte längere gespräch, das frida und er geführt haben, samstags in der teestube. obwohl er schon schläfrig wird, steht er auf und geht umher, schlägt mit der faust gegen die wand, rauft sich die haare und zündet die vielleicht zwanzigste zigarette des

(che) abends an. *und ich habe eine klare aussprache gesucht mit dir. als wir uns trafen an diesem trüben tag, in diesem trostlosen lokal, dessen inneres im immer gleichen gelblichen licht vor sich hindämmert, wurde kaum etwas ausgesprochen. wir schluckten die worte hinunter, sodass sie uns magenschmerzen bereiteten …*

friedhofsruhe

ali geht am ersten nachmittag, der bereits frühsommerlich warm ist, allein ins teehaus. er fühlt sich nicht danach, jemanden anzurufen und sich zu verabreden. höchstens fuad, aber der muss vermutlich arbeiten … bei der teestube angelangt, entdeckt er che, der – ebenfalls allein – an einem der

(ali) tische sitzt. *ich überlege: darf ich? kann ich? warum sollte ich zu ihm – sollte nicht eher er zu mir? nachdem er zuerst, und das, wo er doch wusste, dass … egal: wir waren freunde und vielleicht können wir es wieder sein … er sieht geknickt aus, kleiner als sonst und ruhiger. so kenne ich ihn gar nicht …* che scheint sich zu freuen, als ali sich zu ihm gesellt. die beiden sprechen anfangs wenig, ein paar sätze über das wetter, das studium, die arbeit, die politik. dann blicken sie sich lange an und ihre augen sagen zueinander: »schwamm drüber.«

am nebentisch hockt einer der ältesten herren bakus, hinter dessen rücken gemunkelt wird, dass seine tischkarte schon längst am friedhof bereitstehe. der alte kommt

zu che und borgt sich dessen feuerzeug
aus. er schaut abwechselnd in die zeitung
und auf die wolken am himmel, rauchend
und große, weiße rauchringe in die luft
schickend. ihm gegenüber sitzt der alte
jude, dem ali und che auf der schutthalde
begegnet sind. er wird jahre früher die
geschichte von ali und nino geschrieben
haben, gemeinsam mit einer frau. jahre
früher? ja. nein. warum nicht? zukunft und
vergangenheit sind für erzählungen einerlei,
und auch für den streunenden hund vor der
teestube macht es keinen unterschied, ob
ihm die sonne gestern oder morgen das fell
wärmt. wer weiß, ob der hund überhaupt
nur erfunden und die annahme, der alte
habe die liebe von ali und nino zu papier
gebracht, ein irrtum ist?

frida teilt die wohnung schon seit stunden
nur mit möbeln und büchern, die sie an-
schweigen, und mit ihrer schlechten laune,
die nicht viel gesprächiger ist. in diesem
nach- und nebeneinander verfließen ihre
stummen bewegungen zu einem melan-
(frida) cholischen tanz. *die ruß- und schimmel-*
flocken, die nur noch an einem faden von
der decke baumeln, tanzen mit. und auf der
alten waschmaschine, die noch aus sowjet-

zeiten stammt und die schon vor jahren zum badezimmerregal umfunktioniert worden sein dürfte, sitzt ein weberknecht. nino würde ihn umbringen; ich nehme ein blatt papier und trage ihn nach draußen auf den balkon. nachdem der weberknecht davongeeilt ist, ich in die küche gegangen bin und mir eine zigarette angesteckt habe, schreibe ich auf das blatt: »seitdem du für mich gestorben bist, zähle ich mich zu den witwen und waisen.«

die beiden werden sich nur wenige stunden später versöhnen. che wird zu ihr gekommen sein und gesagt haben, dass es ihm leid tue, dass er nicht wisse … wie es wieder gutmachen … dass er sie, sie wisse schon … dass er ohne sie … sie wird seinen abgedroschenen worten wenig beachtung geschenkt haben, aber dem zittern in seinem brustkorb und in den augen, dem zucken der mundwinkel … wie ein verspätetes novruz wird der abend gewesen sein – alles neu, ruhig und friedlich. es werden sogar süßigkeiten auf dem tisch gestanden sein. sie wird mit ihm geschlafen haben, lange und intensiv, danach bei der suche nach einer zigarette und einem feuerzeug den zettel entdeckt und mit ihm auch zwei ihrer fingerkuppen verbrannt haben.

die unruhe hat die wohnung verlassen, sie wütet nun anderswo weiter, kein geist hängt auf der wäscheleine, der KGB hat sich verzogen und verstört vermutlich andere, kein streit bricht beim frühstück aus, in jedem der beiden zimmer ist eine ruhige und harmonische zweisamkeit eingekehrt. und mit ihr auch das glück? das lässt sich nicht eindeutig bestimmen, etwas fehlt. doch es ist schwer, ein fehlendes zu benennen. vielleicht gerade die aufregung und die leidenschaft, die mit ihr einhergeht. auch die unruhen auf der straße haben ihr vorläufiges ende gefunden. die statue des toten oligarchen wird bald mit blumen geschmückt werden. einige politiker sollen ihres amtes enthoben werden; andere, und das sind weit mehr, können ihren posten behalten. einige werden wie immer viel geld machen aus schwarzem gold und aus konsumartikeln, die meisten werden von der hand in den mund und von einem klein bisschen mehr leben. alles wird ähnlich sein wie im frühsommer davor.

geisterstunde

auch im korridor des hauses, in dem die verwunschene wohnung liegt, ist es ruhig geworden – die nachbarinnen und nachbarn machen sich rar, selbst die katzen lassen sich kaum mehr blicken. vielleicht ist es ihnen zu heiß geworden auf dem baum im hof, vor dem fenster des obersten stockwerks. die gespenster sind von der wäscheleine genommen und zu gleich großen rechtecken gefaltet worden. einige der geister, denen weder blaue glasaugen noch zaubersprüche aus dem radio etwas anhaben können, haben sich in die wohnung verkrochen, so auch der böse blick, der gelegentlich auf die hier lebenden trifft.

che und frida haben momentan keine augen für böse blicke, sie haben die fenster zu ihrem zimmer geschlossen, das radio ausgeschaltet und sich einer sonntäglichen zweisamkeit hingegeben, so heiß und feucht, dass es ihr vorkommt, als liebten sie sich heute zum letzten mal. als er danach aufsteht, um auf die toilette zu gehen, hat sie angst, er würde ihr für immer entschwinden, so wie ali (für immer?) wiedergekehrt ist durch den spiegel. aber che kommt nach einer minute zurück. er legt sich neben frida, sie küssen einander, summen und pfeifen sich gegenseitig passagen ihrer lieblingslieder vor und lachen, wenn jemand den ton nicht trifft. sie zeigen sich schätze aus ihren büchersammlungen oder solche, die sie in bibliotheksexemplaren gelesen und kopiert haben, sprechen über marx und freud, rauchen zigaretten, stecken einander schokoladewürfel in den mund, lieben sich wieder, bleiben liegen, stehen auf, kleiden sich an. frida stellt teewasser auf, che gießt die schon halb vertrockneten zimmerpflanzen und zupft hie und da ein gelbbraunes blatt weg.

ali hockt indessen in der dunkelsten zimmerecke, wo sich silbriger lurch und alte zeitungen angesammelt haben, birgt das gesicht in den händen und weint. er hat gerade von eschgin gehört, dass fuad, begleitet von seinem freund, gestern in den osten bakus aufgebrochen und nicht mehr zurückgekehrt ist. die mutter weiß es noch nicht. eschgin fürchtet, dass die beiden von der schwarzen stadt verschluckt worden sind. sie könnten in einen öltank gefallen, zwischen schienen und stromleitungen liegen geblieben, von einem der rostigen eisentore verschlungen worden sein; in dieser gegend, wo die menschen wohnen, um die sich niemand kümmert – die kinder aus karabach, die alten männer und frauen mit vergangenheit und ohne zukunft … sie könnten aber auch unter die räder eines lastkraftwagens oder in den keller eines hochhauses geraten sein. ali denkt daran, wie viele männer schon bedroht oder verprügelt wurden, weil sie männer lieben … um sich zu trösten, sagt er sich halblaut mit bemüht ruhiger, jedoch von rotz und wasser angerauter stimme vor: »vielleicht sind sie auch getürmt, nach westeuropa, wo sie in einem feinen café sitzen, sich im park küssen und ihre hochzeit vorbereiten?«

nino kommt ins zimmer. ali wischt sein gesicht ab und tut so, als hätte er nie geweint. da sie minutenlang mit dem rücken zu ihm in der raummitte stehend telefoniert und so aufgebracht ist wie nur selten, gelingt ihm sein täuschungsmanöver. nino legt auf. die worte finden nur mit mühe und unzusammenhängend aus ihrem mund: ein mann namens che guevara wird gesucht. von wem? das weiß allerdings niemand.

(irgendein geheimdienst könnte es schon sein.) es heißt im radio und in diversen zeitungen, dieser mann könne an mehreren orten gleichzeitig sein, aber er wurde noch an keinem gefunden. nino denkt, die geschichte passe so gar nicht in die gegenwart. seit wann können sich menschen verdoppeln? und seit wann suchen sie ausgerechnet ausländer hier? ist eine fremde staatsbürgerschaft nicht der beste garant dafür, in ruhe gelassen zu werden? doch – war da nicht etwas mit einem paar aus schweden, er

(nino) journalist, sie journalistin …? *und ihr, die ihr in den angelegenheiten anderer menschen herumwühlt wie bettler in mülltonnen: was beunruhigt euch ein geist aus bolivien? der wird doch wohl nicht auferstehen! und wenn, dann ist es zu spät, dann ist er schon lange wiedergekehrt, führt sein leben und ergreift im schlimmsten fall die flucht in ein anderes land.*

auflösungen

am nächsten morgen ist che guevara verschwunden, ohne eine notiz zu hinterlassen. durch die tür kann er nicht gegangen sein, denn sein schlüssel steckt noch im schloss. er wäre auch kaum barfuß aufgebrochen; die schwarzen stiefel stehen noch dort, wo er sie gestern ausgezogen hat. die katze hat zurückgefunden auf den baum und blickt durchs fenster in die küche; sie hat keine ahnung, was in der merkwürdigen wohnung geschehen ist. frida indessen läuft atem- und planlos herum; sie sucht ihren liebsten, der nur kurz ins badezimmer gehen wollte, um sich die zähne zu putzen. stattdessen hat es ihn anderswohin verschlagen – zurück in das erdloch in bolivien, wo er verscharrt wurde; zwischen elfenbeinfarbene, vielleicht auch bräunliche buchseiten; oder auf anstecker aus metall und aufnäher aus wolle, die jugendliche mit sicherheitsnadeln an ihrer kleidung befestigen?

kurz darauf merkt frida, immer noch zwischen küche und zimmer hin- und herlaufend, dass etwas mit ihrem körper geschieht, dass etwas nicht stimmt; anfangs ist da nur ein seltsames kribbeln in der magengegend, dann ein taubwerden der beine – wenn che jetzt hier wäre, der ja arzt … aber dagegen kann vermutlich auch er nichts mehr tun – ihr körper beginnt sich aufzulösen: die ohren verabschieden sich vom kopf und streunen durch die straßen; sie verweilen, wo musik zu hören ist oder zumindest das schreien der marktfrauen. die augen wandern richtung himmel, um von oben wie vögel auf die straßen und gassen herabzublicken, drehen sich richtung horizont und verlieren sich zwischen steinwüste und gebirge. die füße gehen auf dem land- und luftweg zurück ins blaue haus, wo sie durch die zimmer tappen oder im innenhof zwischen steinfiguren und kakteentöpfen umherhuschen. ihr gesicht wird erst zu staub und gerinnt schließlich zu einem selbstportrait, das die suchmaschine in verschiedenen farbschattierungen anzeigt und als mehrfache miniatur durch den bildschirm fluoreszieren lässt. ein gedanke springt in ein ausgelesenes buch, das herz in ein ölgemälde: es öffnet sich und gibt das innere der linken und der rechten herzkammer frei. die beiden herzhälften hängen noch für die nächsten fünf wochen als leihgabe in einem museum. aus der oberen hohlvene tropft blut auf fridas weißes kleid, rot wie die blumen an dessen saum. das ist aber nicht weiter schlimm, sie wird es ohnehin nicht mehr tragen.

fridas herz fehlen sie manchmal, die füße, die sich schon vor geraumer zeit verselbstständigt haben. ali und nino sind indessen, hand in hand, zum regal und zwischen buchseiten gekrochen, sie mussten sich sehr klein und flach machen dabei. in der zu buchstaben geronnenen vergangenheit werden sie allerdings ebenso wenig ruhe finden wie im hier und jetzt. ruhe ist schließlich schwer zu erlangen, sie hätte ali das familiensilber kosten können oder beide den kopf. nino beugt sich über den atlas und sucht ein friedliches land. norwegen? spanien? japan? sie kocht tee und lauscht den gesprächen der männerrunde um ali. dieser verlässt noch gelegentlich das haus, streift durch die straßen, die ihm fremd geworden sind, beobachtet das treiben der menschen, die ihm unwirklich erscheinen. es gelingt ihnen kaum, der gespenstischen stadt zu entkommen – die druckerschwärze lässt sie haften an den mauern, auf dem pflaster und unter dem unsteten himmel.

manchmal ragt jedoch eine hand oder ein fuß aus dem buchinneren hervor. oder eines von ninos langen haaren verwandelt sich in ein lesezeichen. vielleicht sind sie auch hin und wieder vom satzspiegel zum bundsteg geklettert und zu guter letzt über den buchrücken nach draußen gelangt.

ganz selten haben sie sich noch blicken lassen in ihrer vertrauten umgebung, einmal hat sie jemand gesehen, wie sie den bulvar entlangspaziert sind und ein andermal sollen sie sich hinter einem mauervorsprung geküsst haben. richard hingegen wird gar nicht mehr in der innenstadt auftauchen, er steckt fest – inmitten einer trostlosen gegend, wo breite straßen sich kreuzen und die menschen in plattenbauten und supermärkten zu leben scheinen. der spion von früher ist zur statue erstarrt, in einem winzigen park, der nach ihm benannt wurde. eine trauernde geliebte trägt einen goldenen ring aus seinen zahnkronen, immer, bei tag und bei nacht … von seinen lippen kommen keine verschlüsselten botschaften mehr und auch das morsen muss er verlernt haben. seine hände sind fort, so kann er sich weder eine zigarette drehen noch damen, denen die sonne zu heiß wird, aus dem mantel helfen. die füße gehorchen ihm nicht mehr, sonst würde er sich wegbewegen aus dem tristen stadtviertel. was noch da ist von ihm: seine schlitzförmigen, gewitzt dreinblickenden augen. aber mittlerweile haben selbst die schon aufgehört zu leuchten.

es sind kaum spuren von den verschwundenen geblieben: in der dachgeschoßwohnung sind es ein paar bücher und zettel, auf dem küchentisch die vier schmutzigen tassen, aus denen sie gemeinsam kaffee getrunken haben. oder?

che guevara und frida kahlo sind sich vermutlich nie begegnet. auch das fliegende schwein war vielleicht erfunden. der 11. märz war es nicht. im frühjahr 2011 gingen – trotz schlagstöcken und tränengas – mehrere hundert menschen auf die straße. viele von ihnen wurden stunden oder tage in polizeigewahrsam genommen. mindestens siebzehn verbrachten monate oder jahre im gefängnis, weil sie an den frühlingsprotesten beteiligt waren.

anhang

aserbaidschanische sonderzeichen

ç	stimmloses tsch (wie in »tschick«)
ə	langes, offenes e (wie in »ähre«)
ğ	leichtes ch (wie in »sagen« mit berliner dialekt)
ı	kurzes, dumpfes i (wie in »milch«)
ş	deutsches sch (wie in »schale«)

wichtige abweichungen von der deutschen aussprache

c	stimmhaftes dsch (wie in »dschungel«)
j	französisches sch (wie in »journalistin«)
x	starkes ch (wie in »dach«)
q	g (wie in »gut«)
v	w (wie in »wandern«)
y	j (wie in »boje«)
z	stimmhaftes s (wie in »sonne«)

fremdsprachige begriffe

azadlıq / »asadlig« (aserb.)	freiheit
azadlıq / »asadlig prospekti« (aserb.)	freiheitsstraße
bulvar / »bulwar« (aserb.)	boulevard, strand-promenade
çayxana / »tschaichana« (aserb.)	teestube
chleb / хлеб (russ.)	brot
cider (engl.)	apfelwein
dalan (aserb.)	sackgasse
həzi aslanov küçəsi / »häzi aslanov kütschäsi« (aserb.)	nach dem general həzi aslanov benannte straße
içərişəhər / »itschärischähär« (aserb.)	altstadt
khachapuri / ნაჭაპური (georg.)	mit käse gefüllte teig-taschen
lada / лада (altruss.)	automarke, ursprüng-lich: liebling / geliebte
marschrutka / маршрутка (russ.)	kleinbus, sammeltaxi
moloko / молокó (russ.)	milch
neftçilər prospekti / »nefttschilär prospekti« (aserb.)	ölarbeiter-straße
nerd (aserb.)	backgammon

nizami küçəsi / »nisami kütschäsi« (aserb.)	nach dem dichter nizami benannte straße
novruz / »novrus« (aserb.)	neujahrs- und frühlingsfest
sahil (aserb.)	ufer
salam (aserb.)	hallo / guten tag, wörtlich: friede
şəki / »schäki« (aserb.)	stadt im norden aserbaidschans
shalom / םולש (hebr.)	friede
tbilisi / თბილისი (georg.)	tiflis, hauptstadt georgiens
vidadi küçəsi / »vidadi kütschäsi« (aserb.)	nach dem dichter vidadi benannte straße
xətai prospekti / »chetai prospekti« (aserb.)	nach dem schah ismayıl xətai benannte straße

danksagungen

an erster stelle will ich mich bei wolfgang bedanken, der den roman von den rohfassungen der einzelnen kapitel bis zum gebundenen buch begleitet und angeregt hat. ich danke ihm für die riesige unterstützung, für zahlreiche lektoratsdurchgänge und gute gespräche. ohne ihn gäbe es mit an sicherheit grenzender wahrscheinlichkeit kein buch, sondern höchstens eine schublade voller notizzettel …

bei birtan als zweitleser bedanke ich mich für bestärkung, zuspruch und änderungsvorschläge. und bei birtan als lebenspartner bedanke ich mich für geduld und verständnis während intensiver arbeitsphasen.

jessica und claudia romeder möchte ich danke sagen für die aufnahme ins verlagsprogramm. jessica danke ich außerdem für das lektorat sowie die langen und fruchtbaren diskussionen, die den text wesentlich verbessert haben.

vivien bin ich besonders dankbar dafür, dass sie das cover gestaltet und dem megaphon füße gegeben hat. aleksandra möchte ich meinen dank aussprechen für die angenehme fotosession und die guten bilder. bei ekke wolf bedanke ich mich für das schöne layout. manfred neugebauer danke ich für das genaue korrektorat.

ich bedanke mich bei anna, axel, barbara, frida, norbert und susi, die mir antworten auf einzelne fragen (seien sie kultureller, politischer oder technischer natur) gegeben bzw. textpassagen, bei denen ich mir unsicher war, überprüft haben. auch david will ich danke sagen – von ihm kommt die gelungene übersetzung des che-zitats ins deutsche.

semier danke ich für die aufnahme in die junge literaturwerkstatt wien und die interessanten textdiskussionen. vielleicht ist es ihm zuzuschreiben, dass ich autorin geworden bin. elisabeth will ich danke sagen für die gespräche über den zum debüt gehörenden arbeitsprozess.

prof. renate faistauer möchte ich danken für die vermittlung der praktikumsstelle in baku, durch die ich mich vor ort befand, als die ereignisse stattfanden, über die ich geschrieben habe.

bei melanie will ich mich dafür bedanken, dass sie mir bulgakov empfohlen hat. martin danke ich für seinen richard, der eine inspirationsquelle für mich war.

last, but not least, bedanke ich mich bei allen lieben menschen in meinem umfeld, die mir mit offenen ohren, aufbauenden worten und konstruktiver kritik viel geholfen haben.

(ich schreibe diese danksagungen in letzter sekunde, bevor der text in die druckerei geht – sollte ich jemanden vergessen haben, möge sie oder er mir nicht grollen, sondern stattdessen einen bleistift, kugelschreiber oder füllhalter nehmen und sich selbst hinzufügen.)